Nava Ebrahimi

WER ICH GEWORDEN WÄRE, WENN ALLES GANZ ANDERS GEKOMMEN WÄRE

Herkunft. Identität. Imagination

Literaturverlag Droschl

Teil I

Die Kunst des Schreibens beginnt für mich mit Schreiben, lange bevor sie Kunst wird. Sie beginnt für mich mit der Frage, weshalb ich schreibe. Warum sitze ich an meinem Schreibtisch und formuliere Sätze, wenn ich stattdessen auf einer Blumenwiese herumhüpfen, Buttercremetorte essen oder auf der Couch liegen und mir lustige YouTube-Videos anschauen könnte? Weil so fing das Schreiben an: in der Freizeit, es war ja noch lange kein Beruf, mit dem ich Geld verdienen musste, durfte. Papier ist geduldig, heißt es, man kann immer schreiben, und wenn man es nicht heute tut, dann morgen oder übermorgen oder übernächste Woche und am Ende wird man vielleicht nie geschrieben haben. Papier ist unendlich geduldig, aber ungeduldig war das, was aus mir heraus und hinauf aufs Papier wollte. Wieso? Woher dieser Drang?

Kleine Korrektur: Als ich anfing zu schreiben – »schreiben« im weitesten Sinne –, also in den frühen Neunzigern, gab es noch kein YouTube, aber es gab MTV, und ich hätte meine Tage sehr gut mit Musikvideos füllen können. Das habe ich manchmal auch. Aber an manchen Tagen wollte ich mehr vom Leben. Ich wusste nicht genau was, aber ich wollte mehr. An diesen Tagen fühlte ich mich auf kribbelige Weise bedeutsam. Ich spürte, dass da etwas in mir war, das hinaus wollte. Es hatte etwas Unbändiges, und ich suchte nach Möglichkeiten, dieses Etwas zu veräußern.

Das fing an, da war ich etwa dreizehn, vierzehn. Obwohl ich schon wusste, dass das Schreiben ein guter Weg für mich war, stand am Ende des Tages nicht immer ein fertiger Text, eher selten sogar. Oft genug endeten diese bedeutsamen Tage doch wieder auf der Couch mit MTV, Chips und Nutella-Bananen-Toasts und einer ordentlichen Portion Frust, denn ich hatte das Gefühl, meine bedeutsame Zeit vergeudet zu haben. Tatsächlich dachte ich, meine Zeit vergoldet zu haben, denn lange, sehr lange, vielleicht bis Anfang 20, verstand ich das Wort »vergeuden« nicht richtig und dachte, es hieße »vergolden«. Das machte zwar keinen Sinn, es sei denn, man lebte in einer Welt, in der Müßiggang als etwas Wertvolles angesehen wurde. In dieser Welt lebte ich definitiv nicht, aber ich dachte, es stammte vielleicht aus einer anderen Epoche, jedenfalls hielt ich diesen Widerspruch aus. Ich war Widersprüchlichkeiten gewöhnt und nahm sie hin.

Sorgenvoll fragte ich mich damals, ob ich es in Zukunft schaffen würde, meine Zeit nicht vor dem Fernseher zu vergeuden, sondern sie zu nutzen. Denn davon hinge mein Glück ab, dachte ich. Ahnte ich. Wusste ich.

Zu der Zeit lebte ich nach Stationen in Köln und im Westerwald in Bad Ems. Ich ging auf das Gymnasium, auf das schon Botho Strauß gegangen war, und auch ich musste dringend dort weg, um zu meiner Bestimmung finden zu können. Um frei genug zu sein, frei von dem zum Beispiel, was meine Mitschüler*innen, Lehrer*innen, Nachbar*innen in mir sahen. Ich unterstelle meinen Mitmenschen in der rheinland-pfälzischen Kleinstadt Mitte der neunziger Jahre, dass sie in mir vor allem die Quotenausländerin am Gymnasium sahen, deren Mutter einen Imbiss betrieb, in dem sie oft aushalf, weil das unter Ausländern nun mal so ist – dass die Tochter es aufs Gymnasium geschafft hatte, belegte für viele vermutlich willkommenerweise die soziale Durchlässigkeit der deutschen Gesellschaft, und dass es jede und jeder schaffen kann, wenn sie und er es nur wirklich wollen.

Botho Strauß jedenfalls hatte die Einladung zur 150-Jahrfeier meines Gymnasiums nicht angenommen. Er hatte der Kleinstadt im engen Lahntal, in der der Blumenkorso im August und das internationale Kehlkopflosentreffen im April die Highlights darstellten, anscheinend für immer den Rücken gekehrt. Das erhärtete meinen Verdacht, dass ich ebenfalls so schnell wie möglich von dort weg musste.

Oft frage ich mich, woher dieses Gefühl der Bedeutsamkeit stammt und noch wichtiger, ich frage mich, ob das eine Voraussetzung dafür ist, dass man sich hinsetzt und schreibt, anstatt eben andere, spaßigere Dinge mit sofortigem Lustgewinn zu tun. Ob notwendige Voraussetzung fürs Schreiben ist, dass man glaubt, etwas Besonderes zu sagen zu haben und einen besonderen und besonders mitteilenswerten Blick auf die Welt zu werfen. Das ist natürlich höchst subjektiv, jeder Blick auf die Welt ist besonders, wir können zu meinem großen Bedauern nur erahnen, wie sehr.

Aber ich fürchte, ich muss noch einen Schritt zurückgehen. Ich denke, weshalb ich schreibe, besteht aus zwei bis drei Bedürfniskomponenten. Die erste Komponente ist sehr innerlich, dabei geht es mir darum, Gedanken, Gefühle, Beobachtungen und alles dazwischen festzuhalten, um sie besser fassen und verstehen zu können. Um sie auf diese Weise wahr werden zu lassen, vielleicht sogar, um mich selbst wahr werden zu lassen. Darauf folgt unmittelbar die zweite Komponente, das Bedürfnis, nach außen zu gehen, mich mitzuteilen und erkannt zu werden. Bei genauerer Betrachtung folgt dann noch eine dritte: Das Bedürfnis, mich mit anderen Menschen, die mit ihren Erfahrungen an meine anknüpfen, zu verbinden, sodass die Trennung zwischen Autor- und Leserschaft in den Hintergrund und das Geteilte in den Vordergrund rückt: das gemeinsame Erlebnis, wieder etwas über uns, über das seltsame Wesen Mensch herausgefunden zu haben. Das geht mir wie eine Leuchtschrift durch den Kopf, wenn ich gute Literatur lese: Ja, genau so sind wir Menschen.

Ganz stark empfand ich das zum Beispiel beim letzten Kapitel von Rachel Cusks »In Transit«, in der die britische Autorin ein Abendessen beschreibt, scheinbar aus einer rein beobachtenden Position heraus. Wir erleben eine Gesellschaft aus Männern und Frauen sowie deren Kindern, oberflächlich gesehen einer netten Runde privilegierter Patchworkfamilien im Großraum London. Die Erzählerin schildert vermeintlich wertfrei Verhalten und Gespräche, aber es wird auf unerklärlich deprimierende Weise deutlich, wie krampfhaft beschäftigt alle damit sind, ihren Platz in dieser Gemeinschaft zu behaupten und ein Narrativ über sich selbst zu verbreiten. So sehr beschäftigt sie das, dass sie kaum in der Lage sind, auf die Bedürfnisse anderer einzugehen. Wir sehen stattdessen, wie sie andere benutzen, um ihr Narrativ zu stärken, wie sie versuchen, Macht über andere auszuüben oder sich von ihnen mit allen Mitteln von ihnen abzugrenzen. Wir sehen, wie offen oder subtil übergriffig Menschen miteinander sind, wie sehr unsere Komplexe, Unsicherheiten oder mentalen Bedürftigkeiten uns lenken und unsere Beziehungen dominieren. Ja, genau so sind wir, denke ich, wenn ich für mich gute Literatur lese. Ich verstehe in diesem Moment Rachel Cusks Perspektive und bin um eine weiteres Steinchen im Mosaik bereichert. Das große Faszinosum Mensch hat wieder ein wenig mehr Gestalt angenommen.

Diese drei Bedürfnisse also – festhalten, mitteilen, Verbindendes erkennen – kann ich zwar isoliert betrachten, sie sind jedoch miteinander verschränkt.

Wenn mich jemand nach meinem Beruf fragt und ich sage, ich sei Schriftstellerin, dann höre ich oft: »Ich habe auch eine Idee für ein Buch im Kopf, ich muss sie nur aufschreiben.« Oder: »Ich habe so eine interessante Lebensgeschichte, die müsste ich mal aufschreiben.« Dann frage ich mich, weshalb die- oder derjenige es nicht tut. Und ob das vielleicht der einzige Unterschied ist zwischen Schriftsteller*innen und Nichtschriftsteller*innen. Bei Ersteren drängen die beschriebenen Bedürfnisse so sehr nach Befriedigung, dass sie allen Ablenkungen, die das Leben bereithält, widerstehen und sich Zeit und Raum nehmen, um zu schreiben. Wenn ich das tue, weiß ich – und das habe ich schon früh gespürt: Ich werde dafür belohnt werden. Zum Beispiel mit einem Zustand der Selbstvergessenheit.

Allein schon das empfinde ich als Geschenk. Künstlerisch tätig sein ist vermutlich der einzige nebenwirkungsfreie Weg, diesen Zustand zu erreichen. Als Nebenwirkung ließe sich höchstens der Text bezeichnen, der daraus entsteht, im Idealfall einer, der mich selbst überrascht, weil ich nicht wusste, dass ich ihn in mir trug. Und dann, in weiterer Folge, wenn ich ihn teile, werde ich mit Resonanz belohnt, vielleicht mit Anerkennung obendrein. Ja, Eitelkeit ist sicher auch im Spiel, aber Resonanz erzeugen zu wollen erscheint mir als das grundlegendere Motiv beim Schreiben, generell beim künstlerischen Schaffen oder noch genereller bei allem, was wir tun.

Ich glaube, ich muss noch einen Schritt zurückgehen. Oder eine Bewusstseinsebene tiefer. Die Kunst des Schreibens, sie erscheint mir wie eine Tiefgarage. Auf jedem Deck finden sich freie Parkplätze, auf die ich mich stellen, aussteigen und den Schlüssel einstecken könnte. Ich kann auf der obersten Ebene parken, ich kann aber ebenso gut noch eine Ebene tiefer fahren und dort findet sich ebenfalls ein passender Parkplatz, auf dem ich die Fahrt beenden könnte. Ich selbst bin gespannt, wie tief hinunter mich dieser Text führen wird. Da ich Texte auch immer als Gelegenheit sehe, etwas Neues zu erkennen, drehe ich jetzt eine weitere Runde hinab.

Für mich beginnt die Kunst des Schreibens nämlich genau genommen und ganz basal, sobald ich mich das erste Mal frage, warum jemand oder etwas hier und nicht woanders ist. Wenn jemand oder etwas die Selbstverständlichkeit verliert, mit der er, sie oder es an einem eigentlich angestammten Platz ist, beziehungsweise wenn ich begreife, dass jemand oder etwas in Wirklichkeit noch nie ganz selbstverständlich irgendwo war, wenn Menschen und Dinge aufhören, an *ihrem* Platz zu sein. Ich verstehe, dass nichts und niemand Besitz an einem Platz beanspruchen kann, weil große Ereignisse und viele kleine Zufälle Menschen und Dinge an Plätze führen, die nur mit einer kindlichen Wahrnehmung fälschlicherweise als *ihre* Plätze gedeutet werden können.

Zu glauben, alles sei an seinem Platz, dem einzig richtigen, und das nicht zu hinterfragen, das ist mein Begriff von Kindheit, von einer normalen Kindheit ohne die Erfahrung von Migration.

Das Ende einer in solchem Sinne normalen Kindheit, stelle ich mir vor, könnte eingeläutet sein in dem Moment, in dem man den Blick durch den Garten schweifen lässt und sich das erste Mal überlegt, warum der Opa eigentlich immer auf der linken Hälfte der Bank sitzt, warum die Bank unter der Linde am Bach steht, warum das Haus eigentlich genau an dieser Stelle gebaut wurde und nicht auf der anderen Seite des Baches. Warum entschieden sich die Ahnen einst für diese Seite des Baches? Und saß je schon einmal jemand auf der rechten Hälfte der Bank? Wieso sitzt der Opa auf dieser Bank und nicht auf einer anderen in einer anderen Gegend der Welt? Wie kommt es, dass der Opa überhaupt irgendwo sitzt, dass er noch lebt und nicht in Stalingrad gefallen ist? Wie kommt es eigentlich, dass es mich gibt, hier und jetzt?

In einem solchen Moment verlieren die Umgebung und die eigene Existenz ihre Selbstverständlichkeit. Das scheint wohl eine traurige Erfahrung zu sein – ich kann da nicht mitreden, aber es muss so sein, weil viele Menschen der Zeit davor, so etwas wie der Zeit der Unschuld, hinterhertrauern –, aber erst dieser neue Blick auf alles Vertraute, vermute ich, öffnet unserer Vorstellungskraft den Weg. Alles verliert seine Selbstverständlichkeit, aber alles gewinnt an Spannung. Es ist wie das Umstellen von Zwei- auf Dreidimensionalität im Denken über sich in der Welt.

Als ich vor einigen Jahren im Museum ein Werk der frühen Renaissance betrachtete, kam mir eine banal klingende, aber doch fundamentale Erkenntnis, als die Museumsführerin sagte: Erst, als die Künstler*innen die Perspektive entdeckten und dreidimensional zu malen begannen, konnten ihre Bilder Geschichten erzählen. Weil ein Raum entstand zwischen den Entitäten, weil sich die Körper in einem Raum bewegten, es plötzlich ein Vorher und ein Nachher gab, die Zeit also. Davor, in der Zweidimensionalität, bildeten Maler*innen vornehmlich Heilige ab, um sie zu ehren, und alles um sie herum war nur umgebende, minderwertige, bedeutungslose Fläche, auf der nichts geschah, auf der nichts möglich war und schon gar nichts in Frage gestellt wurde. Erst, als diese Fläche zum Raum wurde, als es ein Dazwischen, die Differenz zwischen zwei Bezugspunkten gab, konnten Geschichten passieren.

Sobald unsere Welt um dieses Dazwischen reicher wird, um all die Möglichkeiten, die dieses Dazwischen beinhaltet, beginnt die Vorstellungskraft, beginnen wir zu erzählen, weil uns bewusst wird, dass auch alles ganz anders, *wo*anders oder überhaupt nicht sein könnte. Dass wir, dass *ich* ganz anders, woanders oder überhaupt nicht sein könnte. Wir verorten uns in Raum und Zeit, wir erkennen die Perspektive, wir sehen, *dass* wir sehen – »Ich sehe mich mich sehen«, wie es Paul Valéry ausdrückt. Ich schätze, an diesem Punkt beginnt für mich die Kunst des Schreibens.

Also beginnt die Kunst oder zumindest das Schreiben sehr früh, glaube ich, und für mich hat sie vielleicht extra früh begonnen, weil meinen ersten Erinnerungen das Gefühl, nicht selbstverständlich an diesem Ort zu sein, bereits anhaftet. Mir war die Existenz dieses Dazwischens sehr früh schon bewusst, ich wusste, dass wir, meine Familie und ich, ganz woanders sein könnten, ja, eigentlich sogar sein sollten. Dass ich, wenn ich in Iran aufgewachsen wäre, jemand anderes geworden wäre, dass es mich gar nicht gegeben hätte, wenn der Schah nicht noch versucht hätte, die Revolution abzuwenden und deshalb meinen Vater wie viele andere politische Häftlinge, die eigentlich lebenslänglich erhalten hatten, amnestierte. So gesehen ist das nichts Besonderes, weil es uns alle haarscharf beinah nicht gegeben hätte und spezielle Entscheidungen an unzähligen Abzweigungen unsere unwahrscheinliche Existenz hervorbrachten, aber es ist einfach offensichtlicher, wenn dabei ein Ereignis wie eine Revolution im Spiel ist, die gleich unzählige Existenzen verhinderte oder, wie in meinem Falle, ermöglichte.

Ein Bruch in der Geschichte – sogar ein Bruch in der Weltgeschichte, wenn man dem Historiker Frank Bösch glaubt, der das Jahr 1979 als wichtigste Zäsur der Zeitgeschichte betrachtet – hatte meine Familie und mich aus dem Kontext gerissen und in einen anderen hineingeworfen. Das war eigentlich nicht vorgesehen. Daran schließt sich die Frage an: Was war »eigentlich« vorgesehen? Nach einer solchen Erfahrung bleibt es auf ewig reizvoll, das Verhältnis zwischen Determiniertheit, also Schicksal und Zufall auszuloten.

Ich hatte ungefähr mit sieben Jahren ein Bewusstsein dafür, dass wir Umständen ausgeliefert sind, die größer sind als wir und unsere kleinen Biografien. Dass ganze Länder, ganze Weltregionen halb schicksalhaften, halb zufälligen Umwälzungen unterworfen waren, die das Leben sehr vieler Menschen durcheinanderwirbelten. Ich schätze, das war eine weitere frühe, wichtige Erkenntnis, die mich von meinen deutsch-deutschen Freundinnen unterschied: Es gibt eine größere Welt als die meine und darin sind wir Plastiktüten im Wind. Diese Erkenntnis könnte dazu führen, dass wir uns völlig ausgeliefert und bedeutungslos fühlen, was ich in gewisser Weise auch tat, aber in mir erzeugte das zugleich ein Gefühl von Bedeutsamkeit, weil ich quasi unmittelbar Teilnehmerin historischer Ereignisse war. Das sehe ich in der berühmten Plastiktüte im Wind aus dem Film »American Beauty« von 1999, die diesen Widerspruch visualisiert und daraus ein ästhetisches Erlebnis macht: ausgeliefert, aber sich dessen bewusst sein, und in diesem Ausgeliefertsein einen eigenen, schöpferischen Ausdruck finden für diese Sonderrolle, die wir als Menschen unter allen Lebewesen einnehmen. Die Plastiktüte tanzt im Wind, so wirkt es, dabei wird sie einfach nur vom Wind mal hier-, mal dorthin gewirbelt, das wissen wir, aber dennoch, wir werden den Eindruck nicht los, dass sie tanzt, dass sie ihrer eigenen Choreografie folgt.

Wir alle nehmen an der Geschichte passiv teil, aber wirklich bewusst wird uns das nur, wenn wir Geschichte am eigenen Leib spüren, weil sie sich direkt auf unser Leben auswirkt.

Dieses Nicht-Selbstverständlich-Sein und das Sehen der Differenz, kann ich gut an Situationen aus meiner Kindheit festmachen, an die ich mich erinnere. Was wir uns aus unserer Kindheit gemerkt haben, haben wir uns aus gutem Grund gemerkt, glaube ich, schließlich haben wir unzählige andere Begebenheiten vergessen und so muss es ja bekanntlich sein. Manches haben wir vielleicht mit gutem Grund vergessen, aber ich schätze, das lagert in einer anderen Schachtel als die Dinge, die wir wirklich einfach so vergessen haben, weil sie belanglos waren und wir uns halt nicht alles merken können.

Ich besuchte eine katholische Grundschule in Köln-Junkersdorf und jeden Freitagmorgen stand Gottesdienst auf dem Stundenplan. Zu einem bestimmten Anlass durfte ich als einzige ein Lied vorne am Mikrofon singen. Jemand sagte, ich hätte eine Mikrofonstimme. Ich war die einzige Muslimin weit und breit und hatte damals schon, während ich da am Mikro stand, allein vor dem Altar, ein Bewusstsein dafür. Interessanterweise, obwohl ich meine Eltern nie sagen hörte, dass wir Moslems seien. Mein Vater hatte als Kommunist nichts für Religion übrig, und meine Mutter, Monarchistin und Anhängerin des gestürzten Schahs, sah im Islam den Grund allen Übels. Es war wohl der Religionslehrer, der mich zur Muslimin machte, weil ich jedes Mal Rede und Antwort stehen musste, wenn er zur Spezifizierung des Christentums den Islam heranzog. Anfangs konnte ich ihm nicht viel liefern, und da ich es nicht gut aushielt, ihn jedes Mal zu enttäuschen, eignete ich mir zumindest ein Basiswissen an. Ich schlüpfte also ein wenig in die Rolle, die er von mir erwartete. Weil ich mit acht oder neun Jahren einfach nicht hätte erklären können, weshalb ich nominell zwar Muslimin war – ich bin die Tochter eines Moslems und einer Muslimin und wurde in einem mehrheitlich muslimischen Land geboren –, weshalb ich mich jedoch nicht als muslimisch identifizierte.

Das ist wohl ein weiterer Baustein des Nicht-Selbstverständlich-Seins: Ich lernte früh, Rollen zu spielen, mich aus einer Rolle in der anderen Rolle zu beobachten. Ganz platt gesagt, beobachtete ich mich zum Beispiel dabei, als Deutsche eine Iranerin zu spielen und als Iranerin eine Deutsche. Die Rollen in mir führten auch so etwas wie Dialoge und urteilten übereinander. Nicht selten befremdeten sie einander. Ich lernte, dass Kontext alles ist; was in einem Kontext normal oder sogar gewünscht ist, kann im anderen für Empörung sorgen. Meine Umgebung zu beobachten, um festzustellen, was gerade gilt und was nicht, zählte daher zu den Fähigkeiten, die ich früh ausbildete. Wieder: Nichts ist selbstverständlich und die Welt für unser Fassungsvermögen einfach zu widersprüchlich, also vereinfachen wir sie im Alltag, um einigermaßen gut durchzukommen. Im Alltag gibt es Christen und Muslime. Punkt. Aber wenn ich schreibe, gibt es alles dazwischen, stellte ich irgendwann fest. Wenn ich schreibe, gibt es alles, was ich will.

Eine Kindheitserinnerung noch. Vielleicht war es meine erste Bildergeschichte, jedenfalls eine frühe. Sie zeigte zwei Kinder, einen Teich und ein Boot, glaube ich, aber diese Informationen sind sehr unzuverlässig. Ich erinnere mich aber sehr genau daran, dass ich überhaupt keinen Grund dafür sah, die Geschichte mit dem letzten Bild enden zu lassen. Ich schrieb weiter, ich erfand, was dem Mädchen und dem Jungen auf dem Weg nach Hause passierte oder etwas in die Richtung, und ich bilde mir ein, damals schon diese spezielle Form der Erregung gespürt zu haben, die ich auch heute noch empfinde, wenn Figuren, die meiner Fantasie entspringen, lebendig werden. Es fühlt sich an wie Verliebtsein, aber es kribbelt nicht im Bauch, sondern eher im Gehirn und ein wenig in den Fingerspitzen.

Die Lehrerin gab mir die Geschichte später zurück, tippte auf das letzte Drittel meines Textes und sagte, da hätte ich etwas beschrieben, was man auf den Bildern gar nicht sehe. Ich sagte vermutlich nichts und weiß auch nicht mehr, was damals in mir vorging, aber ich pflanze mir jetzt retrospektiv folgenden Gedanken in den Kopf: Das, was man nicht sieht, ist doch viel interessanter, warum soll ich beschreiben, was man eh schon sieht? Das kam mir total billig vor. Vielleicht dachte ich nicht »billig«, aber mein Gefühl sagte mir »billig«. Was ich auf den Bildern sah, diente mir lediglich als Startrampe für die Vorstellungskraft. Die Vorstellungskraft hält sich nicht an aufgemalte Kästchen, sie bleibt nicht innerhalb eines Bilderrahmens, sie macht an keiner Grenze halt, sie unterliegt keinen Regeln. Damals spürte ich dieses ungeheure Potenzial. Ein weißes Blatt Papier bietet so unglaublich viel Potenzial. Ein weißes Blatt Papier beinhaltet potenziell die ganze Welt. Vielleicht geize ich deshalb schon immer mit weißem, unbeschriebenem Papier. Jeder hat vermutlich einen leicht neurotischen Geizzwang, bei manchen ist es vielleicht die Mülltüte, die maximal gefüllt, die Zahnpastatube, die bis auf den letzten Rest ausgedrückt oder das Marmeladenglas, das penibel ausgekratzt werden muss. Ich kriege die Krise, wenn mein Kind ein Strichmännchen auf ein weißes Blatt malt und sich dann schon das nächste nimmt. Ich muss mich dann zwingen, anzuerkennen, dass aus der

Sicht meines Kindes, des Künstlers, das Strichmännchen sein ganzes Potenzial bzw. das Potenzial des Papieres entfaltet hat.

Das einzige Mal bis jetzt in meinem Leben, als mir ein weißes Blatt Papier – also das leere Word-Dokument – Angst machte, als ich darin überhaupt kein Potenzial sah, sondern nur eine einzige Bedrohung, das war, als ich die Rede zur Wiedereröffnung des Burgtheaters 2021 schreiben sollte. Statt die vielen Möglichkeiten, die mir dieses leere Blatt, die mir dreißig Minuten Aufmerksamkeit in einer der wichtigsten deutschsprachigen Kulturinstitutionen bot, sah ich nur: das Publikum. Ich sah mein Gegenüber, ich bildete mir ein, zu sehen, was es erwartete, was es nicht erwartete, was ihm gefiel, was ihm missfiel. Damit, dass ich jetzt beim Schreiben mein Publikum vor Augen hatte, und dass ich mich nicht hinter fiktiven Figuren verstecken konnte, erlosch für mich jedes Potenzial, und ich fragte mich, was nur mit mir los sei. War ich ein Angsthase? Das hatte einmal eine Lehrerin zu mir gesagt: »Sie sind ein ängstliches Menschenkind.«

Viele kennen das: einzelne Sätze von Lehrerinnen oder Lehrern, die einen ein ganzes Leben lang begleiten, weil sie einen entweder ein Leben lang ermutigen oder sie dazu führen, sich ein Leben lang das Gegenteil beweisen zu müssen. In meinem Fall war es die

Philosophielehrerin, die glaubte, ich fürchte mich davor, kritisch zu sein. Vielleicht wusste sie nicht, dass das etwas sehr Abendländisches, vermutlich vor allem sehr Deutsches war: Wir lesen etwas und folgen Gedankengängen im Grunde nur, um kritikwürdiges zu identifizieren. Wer Angriffsfläche findet und als Erster angreift, hat gewonnen. Ich jedoch las philosophische Texte anders. Ich strengte mich mit aller gedanklicher Kraft an, das zugrundeliegende Weltbild zu verinnerlichen, quasi zu meinem eigenen zu machen. Ich wollte verstehen, aus welcher Perspektive, aus welchem grundlegenden Selbstverständnis heraus jemand solche Schlüsse ziehen konnte. Damit wurden die Gedanken für mich wahr, der Text konnte nur exakt so geschrieben werden, wie er einst geschrieben wurde. Aus dieser radikal subjektiven Position heraus fiel es mir schwer, Kritik zu äußern. Es fühlte sich an, als sollte ich mich selbst kritisieren. Das geht mir bis heute so und das ist oft der Ausgangspunkt für fiktive Texte: dass ich mich beinah zwanghaft in eine andere Person hineinversetzen muss.

Denn, da war etwas, was ich früh für mich herausgefunden hatte, ohne, dass ich es hätte formulieren können. Ich glaubte, dass alles, was diese ganzen Philosophen geschrieben hatten, so logisch und rational es schien, letztlich auf einer Glaubensfrage basierte, nämlich der Frage: Für was für ein Wesen halte ich den

Menschen? Halte ich ihn im Grunde für gut oder im Grunde für schlecht? Und wovon hing ab, auf welche Seite sich die Philosophen schlugen? Von so etwas wie angeborenen Charakterneigungen, davon, welche allerersten Erfahrungen man im Leben gemacht hatte, von den allerersten Beziehungen und Abhängigkeiten? Mich hätte viel mehr gereizt, herauszufinden, welche frühkindlichen bis kindlichen Erfahrungen Hobbes zu seinen Theorien verleitet hatten. Oder eben Rousseau. Damals hätte ich das nicht so ausdrücken können, aber für mein Empfinden hätten wir viel mehr über uns als Menschen und unsere Natur gelernt, wenn wir die Texte mit diesem Interesse gelesen hätten. Mich langweilte die kleingeistige, eher juristisch anmutende Jagd auf logische Widersprüche. Mit Widersprüchlichem hatte ich, wie gesagt, ohnehin keine Probleme. Aufgrund meiner Biografie übte ich mich früh notgedrungenerweise in Ambiguitätstoleranz, lange bevor sie zur Modetugend wurde.

Die Lehrerin interpretierte all dies als Ängstlichkeit und scheute sich nicht, mir dieses Etikett anzuheften. Danke dafür – diese Erinnerung holte mich bei der Burgtheaterrede jedenfalls heftig ein und ich brachte kaum einen Satz ins Dokument, und wenn doch, löschte ich ihn gleich wieder. Mich beschäftigte sehr, wieso nun plötzlich. Schreibblockaden waren mir bis dahin fremd. Ich glaube, ich habe mit diesem Erlebnis eine weitere Erklärung auf einer weiteren Ebene dafür gefunden, weshalb ich schreibe. Mit Ängstlichkeit lag meine Lehrerin nicht ganz richtig, aber eben auch nicht ganz falsch.

Ich bin als Ausländerkind im Köln der achtziger Jahre aufgewachsen. Meine Eltern wussten sehr bald, dass es kein Zurück nach Iran geben würde, und legten es sehr darauf an, dass wir uns gut und schnell integrierten. Das hieß damals, was es noch heute für viele heißt: still verhalten, möglichst nicht auffallen, die alte Sprache, alte Bräuche und Gewohnheiten ablegen, alles an Deutschland toll finden, immer dankbar sein, aber niemals Rechte einfordern oder Ansprüche geltend machen. Weder gegenüber Arbeitgeber*innen, Vermieter*innen, Lehrer*innen noch gegenüber dem Staat. Knapp zusammengefasst: Klappe halten, Geld verdienen und damit am besten das Weihnachtsgeschäft mitankurbeln.

Ich hatte Glück in dem Sinne, dass meine Eltern Akademiker waren und sie sich dieses Selbstverständnis in unserer Hochhaussiedlung bewahrten. Sie gaben mir dieses Selbstverständnis mit, auch wenn ich als Kind oft spürte, dass die Mehrheitsgesellschaft uns anders wahrnahm, nämlich auf den ersten Blick als türkische Gastarbeiter*innen, wie man sie damals noch nannte und behandelte, und damit als Menschen, die in der

Gesellschaftsordnung ziemlich weit unten standen. Wenn ich sagte, ich sei in Iran geboren, konnte ich dann förmlich dabei zusehen, wie mich mein Gegenüber aus einer Schublade herausholte und in eine andere hineinpackte. Das Phantasma und zugleich die Macht der Identität, beides erkannte ich früh.

Meine Eltern sagten mir das natürlich nie explizit, aber ich war angehalten, mich zu integrieren und zusätzlich zu meiner dunkleren Erscheinung nicht noch weiter aufzufallen. Nicht laut zu sein, nicht zu viel Raum und Zeit zu beanspruchen: Das ist etwas, was Mädchen tendenziell heute noch und auch in hiesigen Breitengraden subtil eingetrichtert bekommen. Erst kürzlich erzählte mir eine Freundin von einer Jurysitzung, in der die Männer ausschweifend banale Dinge referierten, Zusammenhänge, die sie für so offensichtlich gehalten hatte, dass sie sie niemals als wertvoll genug für eine eigene Wortmeldung erachtet hätte, und dass sie selbst vor jeder Wortmeldung lange überlegte, ob ihr Beitrag wirklich originell genug sei, ob er rechtfertige, dass sie die Zeit aller Jurymitglieder beanspruchte. Ich bin kein Riesenfan von Mann-Frau-Schubladen, obwohl sich manches mit meinen Beobachtungen deckt. Dennoch versuche ich es lieber ohne diese Kategorisierung: Es gibt Menschen, so meine ich festgestellt zu haben, die Raum und Zeit eben mit einer bereits geschilderten Selbstverständlichkeit beanspruchen, als hätten sie sich in diesem Raum und in dieser Zeit nie hinterfragt. Und es gibt Menschen wie mich – überdurchschnittlich oft, wette ich, sind das Frauen mit der irgendwie gearteten Erfahrung von Fremdheit –, die mit dem Bewusstsein aufgewachsen sind und heute noch damit durch die Welt gehen, dass sie nirgends selbstverständlich sind und die daher nirgends und niemals selbstverständlich Raum und Zeit beanspruchen.

Im Rahmen der Grazer Vorlesung zur Kunst des Schreibens besuchte ich ein Uni-Seminar mit Germanistik-Studierenden, und eine Studierende fragte mich zum Schluss, weshalb ich schreibe. Das werde ich öfter gefragt, und jedes Mal fällt mir eine andere Antwort ein. Wie gesagt, es gibt so viele Ebenen – und außerdem will ich mich in Interviews oder interviewähnlichen Situationen nicht selbst mit den immer gleichen Antworten langweilen. Der Studierenden antwortete ich: Weil ich langsam denke und weil ich beim Schreiben alle Zeit habe, zu denken und meine Gedanken in aller Ruhe ausformulieren kann. Das war mir selbst neu und während ich das sagte, wurde mir schon klar, dass ich womöglich nur *glaubte*, langsam zu denken und dass es mir einfach schwerfiel, die Zeit meines Gegenübers zu beanspruchen. Ich mich also stets sorgte, zu viel Zeit und Raum für meine Gedanken in Beschlag zu nehmen. Und ich deshalb früh in meinem Leben aufs Papier ausgewichen war.

Das war das, was die Lehrerin als Ängstlichkeit deutete und was es mir so schwer machte, eine Rede fürs Burgtheater zu schreiben: Am allerwenigsten beanspruchte ich für mich den Raum am Rednerpult einer hochkulturellen Institution und die bestimmt besonders kostbare Zeit der Menschen, die nach der historisch längsten Schließzeit die Wiedereröffnung besuchten. Kein einziger meiner Gedanken erschien mir dafür originell genug. Und ich sollte dafür zu allem Überfluss noch eins zu eins mit meiner Person stehen, ich konnte mich hinter keiner ausgedachten Figur verstecken. Mir gelang dieser Text erst, nachdem ich es wegen der nahenden Deadline geschafft hatte, die Erwartungen des Publikums auszublenden und all das zu thematisieren, was mir das Schreiben dieser Rede beinah unmöglich gemacht hatte. In einem Fluss runtergeschrieben, kaum gefiltert, suadahaft und nur wenig lektoriert.

Am Ende trug ich etwas vor, was viele als sehr mutig bezeichneten. Ich fand die Rede nicht mutig, ich finde mich selbst nicht mutig, wenn überhaupt, dann bin ich mutig *und* ängstlich zugleich. Die Rede war einfach der einzige Text, mit dem ich mich in diesem Kontext mitteilen konnte. Inhalt und Form waren genau für diesen Rahmen bestimmt, es ist, als wäre der Text alternativlos gewesen. Mit dieser Burgtheaterrede ging mir erst auf, dass ich offenbar nicht in der Lage bin, einen versöhnlichen, Hand reichenden Vortrag zu schreiben, wie ihn einer meiner Vorgänger, Navid Kermani, verfasst hatte. Das hätte ich gewollt, so hätte ich mich gerne gehabt; als hellsichtige, zur Vernunft mahnende Stimme, fast schon aus einer auktorialen Haltung heraus. Das war doch genau das, was wir angesichts dominierender Krachthemen wie Corona, Flüchtlinge und Klimawandel dringend gebraucht hätten. Aber daran war ich gescheitert und fast verzweifelt. Ich bin nicht Navid Kermani, und ich kann nur den Text schreiben, den ich schreiben kann. Die US-amerikanische Schriftstellerin Flannery O'Connor hat es so ausgedrückt: »Der Schriftsteller kann sich aussuchen, worüber er schreiben will, aber er kann sich nicht aussuchen, was er zum Leben erwecken kann.«

Das scheint auch für Schriftstellerinnen, die Reden schreiben müssen, zu gelten. Offenbar kann ich keine versöhnliche Rede fürs Burgtheater zum Leben erwecken, so sehr ich mich als Mensch bemühe, versöhnlich zu sein oder zumindest so zu wirken. Mit der Rede gelangte ich das erste Mal in diese Zwickmühle, einen wahrhaftigen, auf irgendeine Weise relevanten Text schreiben zu müssen, für den ich als Nava Ebrahimi live und vor Ort einstehen musste. Das war mir neu.

Die Figuren in meinen Romanen sind bei genauerer Betrachtung jedenfalls eher weniger bis gar nicht versöhnlich. Ali Najjar, eine der drei Hauptfiguren in meinem zweiten Roman das »Paradies meines Nachbarn«, ist sogar das totale Gegenteil, das, was man gemeinhin ein Arschloch nennt. Arrogant, unfair, rücksichtslos. Mona, die Hauptfigur meines Debütromans »Sechzehn Wörter«, ist von ihrer inneren Haltung her gegen alles, sie bemüht sich nicht, umgänglich oder liebenswürdig zu sein. Sie scheint »ihr Ding« zu machen; dass sie dabei im Grunde von den Fremdzuschreibungen der Mehrheitsgesellschaft gegängelt wird, zeigt sich erst bei genauerem Hinsehen.

Ein ganz großes Klischee, aber ich fürchte, es ist so: Das Schreiben ist neben anderem ein Ventil für mich. Es ermöglicht mir, Seiten auszuleben, die ich offenbar nicht in der Gegenwart eines anderen Menschen ausleben kann. So vermag ich es bis heute nicht wirklich gut zurückzureden. Ich kann nur zurückschreiben. Denn ganz verkneifen kann ich mir meine Worte anscheinend nicht. Ich bewege mich da in einem seltsamen Spannungsfeld. Irgendetwas in mir gibt mir das Gefühl, Bedeutsames zu sagen zu haben, zugleich gestehe ich mir ein Podium kaum zu. Es lässt sich als leicht ermüdender, redundanter innerer Dialog darstellen, der immer nur so geht: »Nimm dich nicht so wichtig, Kleine.« Und: »Ich will aber, ich will aber, ich will aber!«

Etwas sehr Ähnliches las ich in dem Essay »Das Ich, das ich nicht bin« von Zadie Smith. Darin schreibt sie: »Für wen hält die Kleine sich eigentlich?« – das dürfe sich ihre Leserschaft mit Fug und Recht fragen. Vielleicht ist es aber nur ihre eigene innere Stimme, die sie das fragt, jedenfalls antwortet Zadie Smith: »Für niemanden.« Damit sicher niemals der Verdacht aufkommen konnte, dass sie sich für jemanden hielt, vermied sie es lange, aus der Ich-Perspektive zu schreiben. Dazu im zweiten Teil mehr.

Nicht zurückreden, dafür aber zurück*schreiben*: »Writing Back« ist eine Denkfigur der postkolonialen Literaturwissenschaft, in die ich mich eigentlich nicht eingeordnet hätte, weil ich mich generell nicht einordne, das überlasse ich Literaturwissenschaftler*innen. Aber dieses »Writing Back« sprach mich sofort an, auch wenn ich die Betonung auf das Writing legen würde und weniger auf das Back, wie es eigentlich gedacht ist. Zurückschreiben, statt zurückreden, mir den Raum, den ich nicht hatte, den ich mir nicht nehmen konnte, schreibend erobern. Bei näherem Hinsehen scheine ich zu meiner Überraschung gewisse Kriterien der Kategorie »postkoloniale Literatur« zu erfüllen, etwa, wenn ich genauer betrachte, was ich mir merke, welche Begebenheiten und welche Erzählungen anderer ich in meinem Kopf archiviere, um sie dann irgendwann in meine Fiktion umzuwandeln.

Ja, so ist es, ich archiviere in meinem Kopf. Vermutlich bin ich eine der wenigen Schreibenden, die kein Notizbuch besitzt und kein Tagebuch führt. Früher einmal notierte ich mir Gedanken und Beobachtungen, weil ich sie unbedingt festhalten wollte. Aber fast nie las ich sie nach. Und wenn, fand ich die Gedanken und Beobachtungen Monate später schon nur noch halb so oder gar nicht mehr interessant, oder ich verstand überhaupt nicht mehr, was ich mir selbst sagen wollte. Seit einiger Zeit nun verlasse ich mich darauf, dass das, was Potenzial hat, durch mich zu Literatur zu werden, ohnehin in meinem Kopf bleibt, dort arbeitet, mehr oder weniger bewusst, jedenfalls, dass es zur richtigen Zeit an die Oberfläche dringt und mir zur Verfügung steht.

Ein Beispiel dazu, wie dieser Prozess ablaufen kann: Während meines Studiums gingen zwei deutsch-deutsche Freundinnen in die Türkei. Die eine für einen Erasmus-Austausch, die andere für ein Praktikum. Beide waren in einem liberalen Akademikerhaushalt aufgewachsen. Die Eltern der einen Freundin hatten sogar länger in Kairo gelebt. Wenn sie als Familie Urlaub machten, buchten sie nicht Mallorca, sondern umrundeten im VW-Bus das Mittelmeer. In den 80er, frühen 90er Jahren schien das noch einigermaßen gefahrlos möglich zu sein. Beide Familien galten also als weltoffen. Dennoch, beide Väter ermahnten ihre Töchter, halb spaßig, halb ernst, ja nicht mit einem Türken nach Hause zu kommen. Beide Freundinnen erzählten mir das unabhängig voneinander, sie kannten einander nicht. Mich schockierte das nicht, im Gegenteil, es entsprach eher meinen Erwartungen. Aber offenbar beschäftigte es mich, sodass etwa zwei bis drei Jahre später eine Erzählung daraus wurde, die von einem Mann in seinen Fünfzigern handelt, Deutscher, gebildet, liberal, mit seiner Familie auf Strandurlaub im Süden. Ich lege nahe, dass es sich um ein muslimisches Land handelt, sicher ist jedoch, dass das Bruttoinlandsprodukt pro Kopf in diesem Land deutlich niedriger ist als in Deutschland.

Bei seinem abendlichen Spaziergang in der Bucht entdeckt also dieser Vater den jungen, attraktiven Mann, den Einheimischen, der Tauchkurse gibt, und in den sich seine Teenager-Tochter gerade verliebt, wie er durch Belauschen mitbekommen hat. Der Tourist setzt sich neben den Einheimischen auf die Bank und beginnt ein nettes Gespräch, im Laufe dessen er immer offensichtlicher versucht, diesen dazu zu bringen, die Hände von der Tochter zu lassen. Er bildet sich ein, das auf Augenhöhe zu tun, als Humanist durch und durch, doch er spricht als Weißer, als Westler und als Mann aus einer Position der Macht, was den Einheimischen, der sich tagtäglich von Tourist*innen gedemütigt fühlt, triggert. Dieser wiederum kostet daher den kurzen Moment der partiellen Überlegenheit aus:

Er ist jung und attraktiv, und obwohl er außerdem arm und perspektivlos ist, kann er praktisch jede Frau haben, auch die Tochter des Touristen – allerdings nur solange diese Frauen im Urlaub sind, das weiß der Einheimische wiederum nur allzu gut. Sobald sie mit ihren deutschen Reisepässen in den Flieger gestiegen und zurückgeflogen sind, sind sie unerreichbar für ihn. Der Vater ist nicht mehr jung und nicht attraktiv, was er aber noch nie war. Erst seine steile berufliche Karriere hat ihm eine gewisse Selbstsicherheit gegenüber Frauen beschert. Die Situation eskaliert und am Ende weiß der Vater sich nicht anders zu helfen, als dem Einheimischen einen Geldschein vor die Nase zu halten, damit er die SMS der Tochter nicht mehr beantwortet und sich von ihr fernhält.

»Stiffel braucht« habe ich recht jung geschrieben und aus heutiger Sicht blicke ich natürlich eher milde lächelnd und bemüht milde urteilend darauf. Der Text ist jedoch ganz sicher ein gutes Exempel. Angeregt von den Aussagen der Väter meiner Freundinnen wusste ich anfangs nur, dass ich einen Vater und einen jungen Mann, möglicherweise ein Türke, vielleicht aber auch Tunesier – letztlich nicht so wichtig – aufeinandertreffen lassen möchte. Also das veranstalten möchte, was die Väter vermeiden wollten. Nebenbemerkung: Meines Wissens sind diese in der Realität nie auf die beiden türkischen Männer getroffen, in die sich meine

Freundinnen dann in Istanbul verliebten, die sie aber nicht mit heimbrachten.

Die Dynamik zwischen den beiden entwickelte sich beim Schreiben von allein, aus den Figuren heraus. Was mich an diesem Aufeinandertreffen reizte, liegt nahe, denke ich. Es ist der Clash von einstigen Kolonialherren und Kolonisierten, von Geld und Armut, von Macht und Ohnmacht. Ich erkenne darin ein Muster meines Schreibens, einen Grundkonflikt, der letztlich mein innerer ist.

Ich bin der Tourist und ich bin der Einheimische, beide vereine ich in mir. Wenn ich verreise, habe ich den deutschen Reisepass in meiner Tasche, aber er ist keine Selbstverständlichkeit für mich, so wie ich generell nichts als selbstverständlich erachte. Ich weiß, welche Macht er mir verleiht, ob ich will oder nicht. Und wenn ich in ein Land reise, in dem Menschen ihre Organe verkaufen würden, um einen deutschen Reisepass zu erhalten, dann schäme ich mich für die Willkür und Ungerechtigkeit auf diesem Planeten. Es will mir einfach nicht in den Kopf, wie wir die Chancen so ungerecht verteilen, Menschenleben so unterschiedlich bewerten und auch will mir nicht in den Kopf, wie viele, zumindest, jene, die Glück hatten und im richtigen Land geboren wurden, das für selbstverständlich halten.

Ich weiß aber auch noch, wie es war, ohne diesen deutschen Reisepass, ganz konkret weiß ich, wie es ist, wenn auf Klassenfahrt der ganze Zug an der deutsch-tschechischen Grenze steht, weil die tschechische Botschaft in Bonn den Visumsstempel in meinem iranischen Pass verschmiert hat. Ich will meine Erfahrungen nicht überhöhen. Meine Flucht, unsere Flucht Ende der 70er, Anfang der 80er Jahre geschah per Flugzeug und war nicht einmal eine richtige Flucht. Meine Mutter ist in den Revolutionswirren zum Studium nach Deutschland gegangen und wir sind dann halt geblieben. Wir mussten nicht jahrelang um eine Aufenthaltserlaubnis bangen, wir wurden nicht regelmäßig auf Ämtern erniedrigt, unsere finanzielle Situation war immer relativ stabil. Ich profitierte vom Klischee der »gebildeten Perser«, zumindest in einigen Kreisen hat mir das das Leben erleichtert. Anders als etwa die Kinder der sogenannten Gastarbeiter*innen musste ich mir den Weg aufs Gymnasium nicht gegen alle Widerstände erkämpfen. Vor allem nicht gegen den Widerstand meiner Eltern. Ich war vergleichsweise privilegiert, dennoch, ich bin beide, ich bin mehr, aber im Falle des Beispieltextes bin ich beide.

Das drückt sich konkret aus in den beiden Pässen, die nebeneinander in meiner Schreibtischschublade liegen: Mit dem deutschen Pass besitze ich den zweitmächtigsten weltweit, mit dem iranischen einen der wertlosesten. Iran folgt in der Rangliste aktuell auf Äthiopien.

Es fällt mir, wie gesagt, schwer, diese Gleichzeitigkeit zu akzeptieren: grenzenloser Überfluss auf der einen Seite, unwürdiger Mangel auf der anderen Seite. Menschen mit Macht, Mobilität und allen Möglichkeiten hier, Menschen ohne jegliche Handlungsoptionen und Perspektive, zu Bittstellern verdammt, hinter Zäunen oder hohen Mauern festgesetzt dort. Hier und dort trifft das zwar öffentlich geächtete, aber doch sehr lebendige Gefühl von Überlegenheit auf das Wissen, in jeder Hinsicht unterlegen zu sein. Bis heute. Und ich befürchte, das wird auch noch lange so bleiben.

Es fällt mir schwer, all das zu akzeptieren, aber noch mehr staune ich darüber, dass wir Menschen, mich eingeschlossen, das dann doch immer wieder gut hinkriegen, dass wir über so viel Ungerechtigkeit nicht verrückt werden. Ich erhebe nicht den moralischen Zeigefinger. Auch ich scrolle über die Nachricht hinweg, dass wieder ein Flüchtlingsboot vor den Grenzen der EU gekentert ist, Menschen bei dem Versuch, sich und ihren Kindern eine Perspektive jenseits von Krieg, Hunger und staatlicher Drangsal zu bieten, ertrunken sind. Moralisch zu urteilen liegt mir fern. Wenn ich ermahne, in meinen Kolumnen etwa, ermahne ich immer auch mich. Es ist vielmehr ein aufrichtiges Staunen darüber, dass wir all das so hinnehmen, während wir gleichzeitig Menschenrechtstage feiern – dieses Staunen ist eine Quelle meines Schreibens.

Trotz meines vergleichsweise privilegierten Aufwachsens spannt sich ein Seil in mir, wie Zadie Smith es in ihrem bereits erwähnten Essay beschreibt. »Das Seil in uns ist so straff zwischen scheinbar unvereinbaren Polen gespannt, dass wir glauben, es zerschneiden zu müssen.« Menschen mit diesem straff gespannten Seil, also unmöglichen, gar widersprüchlichen Identitäten entwickeln unterschiedliche Strategien, sie trennen sich von einem Teil zum Beispiel, negieren ihn lebenslang.

Mein Weg, die Spannung auszuhalten, ist das Schreiben. Ich habe die Literatur als Raum der unbegrenzten Möglichkeiten, als Raum für »unmögliche Identitäten« (Zadie Smith) entdeckt. Unmögliche Identitäten, die, zwischen zwei Buchdeckeln gebannt, möglich werden. Mögliche und ganze Identitäten, die sich nicht mehr durch einen Mangel definieren, sondern als handelnde, selbstbestimmte Charaktere. Vielleicht, ganz vielleicht stammt daher das eingangs beschriebene Gefühl kribbeliger Bedeutsamkeit, das mich von Zeit zu Zeit befiel. Ich spürte, in mir spannte sich etwas, das sich in meinen Freundinnen nicht spannte, und das wollte beachtet, benannt, beschrieben werden. Für mich, und, wie ich erst seit meinen Veröffentlichungen weiß, ebenso für andere.

Es hätte auch getanzt oder gemalt werden können. Weshalb ich die Sprache als Ausdrucksform wählte, kann ich nicht sagen, es ist nicht so, dass ich mit Büchern aufgewachsen wäre. Das bleibt also ein Stück weit ein Rätsel. Ich weiß sehr genau, dass es mir, kaum konnte ich schreiben, Vergnügen bereitete, Sätze zu bilden, sie aneinanderzureihen, dabei einen Rhythmus zu kreieren, Texte fließen zu lassen, sowohl inhaltlich als auch klanglich. Ich kann die Kontrolle unbesorgt abgeben, weil ich den Text jederzeit kontrolliert überarbeiten kann. Am Ende habe immer ich das Sagen – ich und mein Unterbewusstsein und die Charaktere, die wir gemeinsam erschaffen.

Eine letzte Kindheits- oder eigentlich Jugenderinnerung an dieser Stelle, wieder aus dem Deutschunterricht. Der Lehrer fragte uns, was wir glaubten: dass Sprache in der Literatur Mittel zum Zweck oder Selbstzweck sei? Mein Arm schoss reflexhaft in die Höhe, obwohl ich noch nie bewusst über diese Frage nachgedacht hatte. »Mittel zum Zweck, ganz klar, ich will doch was erzählen«, sagte ich in etwa. Da in meiner Klasse sonst niemand eine starke Meinung dazu vertrat, war die Diskussion damit beendet. Damals ging mir nicht in den Kopf, wie man sich mit Sprachspielerei aufhalten konnte, wo es doch so viel zu sagen gab. Das hat sich ein wenig geändert, erfreulicherweise. Aber für mich selbst gilt weiterhin: Die deutsche Sprache ist mir ein heiß geliebtes Instrument, ich werde sie sicher nie gegen eine andere eintauschen, aber sie ist nicht mein eigen, sie ist nicht mit mir verwachsen, ich benutze sie lediglich, wie ich die andere Sprache benutzt hätte, wenn wir nicht nach Deutschland, sondern in ein anderes Land gegangen wären. Ich schätze, die deutsche Sprache und ich, wir werden immer eine sehr gute, aber professionelle Beziehung pflegen.

Habe ich nun über die Kunst des Schreibens geschrieben? Ich vermute, ich habe mehr über die Notwendigkeit des Schreibens geschrieben. Ab wann das dann zur Kunst wird, kann ich nicht sagen. Das werde ich wohl nie sagen können, darüber müssen meine Kritiker*innen entscheiden.

Teil II

Schreiben war und ist für mich also der einzige Weg, »unmögliche Identitäten«, wie Zadie Smith es nennt, möglich werden zu lassen. Ich hielt mich lange für solch eine unmögliche Identität – keine richtige Iranerin mehr, niemals eine richtige Deutsche. Damit fühlte ich mich sehr lange allein. Ich wusste ja nicht, dass es viele gab wie mich, wir wussten ja alle nicht voneinander, weil wir unsichtbar waren, unsere Erzählungen in den deutschsprachigen Mehrheitsgesellschaften lange keinen Platz hatten.

Das hat sich in den vergangenen Jahren erfreulicherweise geändert, dank der Bücher etwa von Shida Bazyar, Sandra Gugić, Asal Dardan, Saša Stanišić, Fatma Aydemir, Sharon Dodua Otoo und Karosh Taha, um nur einige zu nennen. Interessanterweise hatte ich anfangs so etwas wie Berührungsängste, vor allem mit den anderen deutsch-iranischen Autorinnen Shida Bazyar und Asal Dardan. Da war so etwas wie Konkurrenzdenken im Spiel, weil ich wusste, dass wir, zumindest 2015 noch, als mein Agent den Verlagen mein Manuskript anbot, unter dem impliziten Label Migrantinnenliteratur liefen und uns der deutschsprachige Literaturbetrieb nicht mehr als eine Nische zuwies. Und so sagte mir damals ein großer, literarischer Verlag mit der Begründung ab, er hätte gerade eine andere Deutsch-Iranerin eingekauft. Es kann nur eine geben – das ist etwas, was uns lange vereinzelt, voneinander ferngehalten hat.

Doch seit 2015 hat sich viel bewegt. Und jetzt, nachdem ich all die Bücher genannter Autor*innen gelesen habe, blicke ich anders auf mein 12-, 13-jähriges Ich zurück, das sich nirgends richtig fühlte und sich fragte, ob es es je schaffen würde, dieses Gefühl in irgendeiner Weise auszudrücken. Jetzt weiß ich dank dieser Bücher, dass ich damals eigentlich gar nicht so allein war mit meinen Erfahrungen, wie ich glaubte. Das hat selbst rückblickend etwas Heilsames. Wie viele andere Schriftsteller*innen rede ich diese Wirkung tendenziell lieber klein, aber ich fürchte, ein bisschen stimmt es, dass das Schreiben, Veröffentlichen und der Austausch über das Veröffentlichte auch etwas Therapeutisches haben kann. Ich habe die Macht, unmögliche Identitäten zu erschaffen und sie zu selbstbestimmten, handelnden Charakteren zu erheben, die sich nicht, so wie ich mich lange empfand, vor allem durch Mangel und Zerrissenheit auszeichnen, sondern ganz sind und individuell, trotz oder gerade wegen ihrer Brüche und Defizite. Das ist ungemein beruhigend.

Das Schreiben, *mein* Schreiben beginnt also bei mir, bei meinen Erfahrungen, es geht von mir aus, von einem Ich, das jedoch nicht identisch ist mit dem Ich der Erzählerin oder des Erzählers meiner Prosa. Dieses Ich ist ein Ich, das ich nicht bin, oder doch bin, so, wie ich auch alle anderen bin. Die Frage nach der Beziehung zwischen Ich und Ich-Erzähler*in werde ich deshalb niemals abschließend beantworten können, weil ich dazu abschließend klären müsste: Was ist das, dieses Ich? Wer bin ich? So lange das offen bleibt, und ich hoffe, das bleibt auf Lebzeiten offen, kann ich mich auch der Beziehung zwischen mir und meinen Charakteren nur annähern. Ich versuche das nun auf unterschiedlichen Wegen.

Vor einiger Zeit besuchte ich die Georg Baselitz Ausstellung im Kunsthistorischen Museum in Wien. Wie meist ging ich mit Führung durch die Ausstellung, denn die Geschichten zu den Künstler*innen und Bildern interessieren mich meist mehr. Sie machen die Kunst in meinen Augen erst vollständig. Jedenfalls erklärte der Führer zu einem Akt von Baselitz' Frau Elke aus dem Jahr 1972, dass Baselitz grundsätzlich nur von Polaroidbildern abmale. Lebende Modelle seien ihm zu nah, zu unmittelbar, zu natürlich. Es gibt also zu diesem Kunstwerk eine Vorlage, ein Polaroid. Wieso Polaroid und kein normales Foto? Der Führer des Kunsthistorischen Museums in Wien erklärte das uns, seiner Gruppe, so, was ich hier ungeprüft wiedergebe: Baselitz habe der Gedanke gegraust, dass Entwickler*innen im Fotolabor ein Foto seiner nackten Frau sehen könnten. Wir standen vor dem meterhohen Akt seiner Frau und einige in der Gruppe lachten spontan auf, ich wunderte mich ebenfalls, aber nur kurz.

Ich habe das, wie gesagt, nicht überprüft – das gebietet eigentlich die Journalistin in mir, die eine harte Ausbildung durchlief, die für jeden Faktenfehler eine Fünf kassierte, weil Glaubwürdigkeit ihr wichtigstes Kapital war und Zweifel an der Glaubwürdigkeit das Ende bedeuteten. Aber die Schriftstellerin in mir sagt, das passt an dieser Stelle so gut, nimm es einfach, welche Rolle spielt es am Ende, ob es wirklich so war, wenn es dir und deinem Publikum eine neue Erkenntnis bringt? Die Literatur heiligt die Mittel, das ist etwas, das ich mir gelegentlich sage.

Baselitz grauste also der Gedanke, dass Entwickler*innen im Fotolabor ein Foto seiner nackten Frau sehen könnten. Das wirkt zunächst widersprüchlich. Seit Jahrzehnten hängt dieses Bild in den größten Museen in den größten Metropolen dieser Welt. Schätzungsweise mehrere Millionen Menschen haben es gesehen und könnten jetzt glauben zu wissen, wie Elkes Busen geformt ist und wie sie ihr Schamhaar trägt. Mehr Öffentlichkeit geht kaum. Damit hat Georg Baselitz offenbar kein Problem. Weshalb das so ist, verrät unter anderem der Name des Bildes. Es heißt nicht »Elke«, sondern »Fingermalerei, Weiblicher Akt«. Mit dem Werk begibt er sich auf die Suche nach einer Darstellung, nach einer Form, die unsere Sehgewohnheiten herausfordert und hinterfragt, nach einem Ort, »wo noch keiner war«, wie er selbst sagt. Das gefällt mir sehr gut. Ich will ebenfalls mit jedem Text an einen Ort, an dem noch niemand war.

Dass sich Baselitz vom Inhalt, vom Gegenstand, davon, wie die Dinge wirklich sind, loslöste, bekräftigte er dadurch, dass er das Motiv umkehrte, also für uns auf dem Kopf stehend malte. Er kniete neben der Leinwand auf dem Boden, verteilte mit Fingern Farbe darauf, er spürte die Textur auf der Haut, mit der er Schattierungen andeutete, Details überging, andere hervorhob, manche verwischte. Der Ort, an dem er sich in diesem Moment aufhielt und an dem nie jemand zuvor gewesen war, war sicher nicht der Strand, an dem er das Foto von Elke geschossen hatte. Es war ein innerer Ort, geprägt von der Erinnerung an die Sinneseindrücke, vielleicht davon, wie der Wind durch Elkes Haar wehte oder wie sich der Sand zwischen seinen Zehen anfühlte, und von der Erinnerung daran, wie sich Baselitz in diesem Moment in Beziehung zur Welt setzte, womöglich auch in Beziehung zu seiner Frau Elke, jedenfalls zu den Entitäten um sich herum.

Wäre Baselitz eine von mir erfundene Figur, ließe ich mir jetzt noch einiges mehr einfallen, aber da ich ihm nicht zu nahe treten möchte, halte ich mich zurück und belasse es bei der Frage: Wie könnte jemand meinen, die Striche und Flächen auf der Leinwand stünden in irgendeiner Art von Beziehung zur leibhaftigen Elke, die niemand jemals in ihrer Vielschichtigkeit wird erfassen können, nicht einmal sie selbst? Und wer käme auf die Idee, das Polaroidfoto herzunehmen und zu rätseln, ob der Schatten tatsächlich ihr rechtes Knie verdunkelte? Ob das in Echt, damals, 1972, genau so gewesen ist? Kaum jemand, nehme ich an. Bildende Kunst wird als Kunst erkannt und gilt selten als entblößend. Von einem Selbstbildnis – und sei es ein Akt, wie das von Baselitz selbst – habe ich noch nie gehört, es sei selbstentblößend. Das Wort »Nabelschau«, mit dem Kritiker*innen gerne die Werke publizierender Frauen belegen, ist mir im Zusammenhang mit Malereien und Skulpturen ebenfalls noch nie untergekommen.

In der Literatur verhält es sich anders. Wieso? Liegt es allein an dem Wort Ich, das wir eindeutig aussprechen können und das einen vermeintlichen Realitätsanspruch erhebt im Sinne von »Ich erzähle dir, was mir passiert ist«? Oder ist das zu pauschal, müssen wir näher hinsehen? Bestimmt der Grad an Form- und Abstraktionswillen, also die im besten Sinne Künstlichkeit, ob wir das erzählende Ich als Literatur werten oder als

Realitätsabklatsch, also als nach innen gekehrten, mittelmäßigen Journalismus?

Bildende Kunst ist bereits eine Übersetzung von Empfindungen in ein anderes Medium. Mit Literatur bleiben wir nah an der Sprache als unserem alltäglichen Medium, mit dem wir alltäglich mehr oder minder erfolgreich versuchen, unsere Leben zu managen und uns unserer Umwelt mitzuteilen. Liegt darin der Unterschied? Muss die Übersetzungsleistung von Sprache in Literatur deshalb womöglich besonders hoch sein, wenn wir uns des Ichs bedienen? Ja, das empfinde ich offenbar so; das Ich muss sich seine Legitimität durch eine besondere Glanzleistung verdienen. Ich bin mir an dieser Stelle ehrlich gesagt nicht sicher, ob das meine Meinung ist oder ob ich die Meinung der Kritiker*innen internalisiert habe, die Bücher manchmal vorschnell mit dem Etikett Nabelschau abwerten.

Ich muss an dieser Stelle an Marsyas und seine Häutung denken. Der Mythos ist *der* Mythos für alle Kulturschaffenden, Kulturbewertenden, Kulturbetrachtenden. So auch für mich.

Bevor ich darauf eingehen kann, möchte ich gerne einen kleinen Exkurs zum Thema Referenzen unternehmen. Mein Umgang mit Referenzen ist ein spezieller und das prägt mein Schreiben. Ich bin nicht mit

Büchern, sondern mit dem Fernseher aufgewachsen, erfreulicherweise nur mit dem Öffentlich-Rechtlichen. Wer weiß, was aus mir geworden wäre, wenn mich das Privatfernsehen früher heimgesucht hätte. (Oder was aus mir hätte alles werden können, wenn ich mit Büchern aufgewachsen wäre!) Mit Büchern und dem Lesen bin ich leider erst in der Schule in Berührung gekommen. Ich war als Kind auch in keinem Museum und meine erste Theatervorstellung besuchte ich mit meiner Schulklasse. Was ich in der Schule las, im Museum oder auf der Bühne sah, empfand ich nicht als meins. Ich durfte dabei sein, teilhaben, aber ich blieb Zaungast. Auf kindliche Weise spürte ich, dass das nicht mein kulturelles Erbe war.

Bis heute kostet es mich Überwindung, mich Referenzen zu bedienen, die im abendländischen Kulturraum wurzeln. Es fühlt sich für mich an wie Aneignung. Ich bediene mich an etwas, das mir nicht zusteht, mir nicht qua Geburt zugewiesen wurde. Es ist für mich ein dünnes Eis oder treffender: ein dünner, doppelter Eisboden. Ich habe darauf erstens nicht meine ersten Schritte getan, zweifle daher meine Trittsicherheit an, und vermute außerdem darunter einen weiteren Boden, von dem ich überhaupt noch gar nichts weiß. Dabei ist mir natürlich bewusst, dass der abendländische Kulturraum, wie alle Grenzziehungen, nur zurechtgezimmert und uns in die Köpfe geleimt wurde. Asal

Dardan bringt es in ihrem Essayband »Betrachtungen einer Barbarin« so schön auf den Punkt: »Zivilisationen, Kulturen, Nationen entstehen nicht getrennt, sie werden nur getrennt voneinander erzählt.« Mit diesem Satz im Kopf fällt mir das Referenzieren schon leichter.

Auf der anderen Seite – das ist keine Übertreibung – leide ich darunter, dass mit der Migration vor allem die Texte aus dem persischsprachigen Kulturraum, die meine Eltern mir als kulturelles Erbe hätten mitgeben können, hätten mitgeben *sollen*, verloren gegangen sind. Sie haben die Bücher, als sie Iran verließen, nicht eingepackt. Vermutlich dachten sie, es gäbe Wichtigeres, und nahmen nur mit, was ihnen als nützlich erschien, um so schnell wie möglich Fuß zu fassen in Deutschland. Was sie zum Beispiel zurückließen, im wörtlichen wie im übertragenen Sinne: »Shahname«, »Das Buch der Könige«, das längste epische Gedicht der Welt, die Saga der persischsprachigen Welt und für Iraner*innen identitätsstiftend wie kein anderes Werk. Firdausi verfasste es vor rund 1000 Jahren und griff dafür altiranische, vorislamische Mythen auf, um die Geschichte vom Anbeginn der Menschheit bis zur islamischen Eroberung Persiens im 7. Jahrhundert zu erzählen. Es wird sie nicht verwundern, dass sich dort einige Parallelen zur griechischen Mythologie finden.

Als im September 2022, nach dem gewaltsamen Tod von Jina Mahsa Amini, die Proteste in Iran anfingen und sich viele Frauen öffentlich die Haare abschnitten, verstand ich erst spät und dank Erklärstücken in deutschen Medien, dass dieser Akt auf eine Stelle im »Shahname« referenziert. Ich schämte mich ein wenig dafür, dass ich das nicht wusste. Zwar hatte ich vor mehreren Jahren die deutsche Übersetzung gelesen, aber der Text nistete sich nicht bei mir ein, machte nichts mit mir, fruchtete nicht, er war nie Teil unseres familiären Alltags in Deutschland. Meinen Eltern erschien Firdausi in unserer Kölner Hochhaussiedlung womöglich einfach zu sehr fehl am Platz. Außerdem bringen mich deutsche Übersetzungen persischer Texte in eine ausweglose Lage: Ich kann das Original zwar nicht lesen, weil ich Persisch nur sprechen kann. Aber ich kann auch die Übersetzung nicht wirklich ernst nehmen, weil ich dann doch zu gut weiß, welch ein anderes Universum die persische Sprache darstellt und welch anderer Text das im Original sein muss.

Ich verlor mit der Migration also mein quasi rechtmäßiges kulturelles Erbe und konnte mich nicht im kulturellen Erbe der Aufnahmegesellschaft verwurzeln. Vermutlich ist das der Grund dafür, dass ich wenig mit Referenzen arbeite und dass es mir schwerfällt, Vorbilder zu nennen. Wenn ich in der Schule etwa deutsche Nachkriegsliteratur interpretierte, gelang es mir zwar schon, mich ich in die Stimmung des Verdrängens und Vergessenwollens hineinzudenken. Ich konnte Gefühle wie das Befremden und den Ekel gegenüber den wertmobilen Nachkriegsdeutschen nachempfinden. Heimatlosigkeit ist ja vielgestaltig und ein sehr universelles Leiden. Dennoch unterscheidet es sich in Nuancen. Das Leiden am Gefühl des Heimatverlusts, wie ich es bei meinen Eltern und in der iranischen Exil-Community wahrnahm, hatte eine andere Farbe, so, wie jeder Kulturraum zum Beispiel eine ganz eigen gefärbte Melancholie pflegt. Und wenn ich eben Böll, Borchert oder Grass las, dann musste ich mich in diese andere Farbe hineinfühlen.

Die Musikerin Christiane Rösinger erwähnte in ihrer Grazer Vorlesung zur Kunst des Schreibens 2022 den Umstand, dass sie sich als junge Frau jedes Mal, wenn sie Bob Dylan oder generell Popmusik hörte, in einen Mann hineinversetzen musste, der eine Frau besang oder verteufelte, weil eben hauptsächlich Männer Popmusik machten und Lyrics schrieben. Dieser Akt des Perspektivwechsels war eine Art Automatismus, er erschien ihr lange völlig selbstverständlich, alternativlos. So in etwa erging es mir lange mit der deutschsprachigen Prosa, weil sie lange vor allem deutsch-deutsche Vergangenheit und Gegenwart aus einer deutsch-deutschen Perspektive beschrieb und lange ausblendete, dass Einwanderung passierte, die Gesellschaft veränderte und um viele neue Perspektiven ergänzte. Das gleiche gilt für Österreich und die Schweiz. Ich musste mich – um bei der Nachkriegsliteratur zu bleiben, die mich durch die Schulzeit begleitete – als deutsch-deutsch denken, als jemanden, dessen Eltern oder Großeltern Nazis oder Opfer der Nazis gewesen waren, um nachvollziehen zu können, wie unentrinnbar diese Literatur war. Aber sie war nicht unmittelbar meine.

Ich nähre mich zwar in gewisser Weise von ihr, weil ich mit ihr großgeworden bin und erst spät, als junge Erwachsene, Alternativen entdeckte. Aber um selbst produktiv werden zu können, musste ich etwas für mich von Grund auf Neues, Eigenes beginnen. Daher empfand ich es lange schwierig, mit Referenzen zu arbeiten oder Vorbilder zu nennen. Es ist sicher kein Zufall, dass ich hier häufig an Zadie Smith anknüpfe. Sie ist als Tochter eines weißen Engländers und einer schwarzen Jamaikanerin in London geboren und schreibt in ihrem Essay, dass sie sich nirgends zuordnen konnte, auch literarisch nicht, und »dass ein Teil von mir immer in der Zeit zurück schreibt, zurück zu dem verwirrten braunen Mädchen, das ich einmal war, und für die Bücher sorgt, die ich damals gern gelesen hätte.«

Wenn ich also Vorbilder nennen muss, dann sind es am ehesten Zadie Smith und Jhumpa Lahiri, eine indischstämmige US-Autorin. Beide eroberten um das

Jahr 2000 herum relativ jung die internationale Bühne und zugleich die Bestsellerlisten. Sie schrieben über Einwanderer-Communities, bis dahin noch Schattenorte der Literatur. »Melancholie der Ankunft«, so der Titel von Lahiris Erzählband, sprach mich sofort an, noch bevor ich erfuhr, um was es in dem Buch ging. Ich bildete mir ein, diese spezielle Melancholie zu kennen. Dank dieser beiden Schriftstellerinnen wurde mir erst klar, dass alles zu Prosa werden konnte, selbst meine Erfahrungswelt. Auf literarischer Ebene bezeichne ich sie nicht als Vorbilder, aber in gewisser Weise bereiteten sie mir den Weg.

Die deutschsprachige Literatur hat inzwischen nachgezogen, sie ist vielfältiger und durchlässiger geworden und weitet meinen Blick. Die neue Diversität entspannt mich auch im Umgang mit Referenzen. Ich kann diesen Prozess gut mit der Pflanzenveredlung vergleichen. Kürzlich erst – viel zu spät! – erfuhr ich von dieser Kulturtechnik und ich bin total fasziniert, dass so etwas möglich ist: Man bindet den abgebrochenen Ast, zum Beispiel eines Apfelbaumes, an einen Kirschbaum, so, dass der Ast anwächst. Fortan wird der Ast vom Kirschbaum versorgt, er trägt aber weiterhin Apfelbaumblüten und Äpfel als Früchte, er bleibt anders, nährt sich jedoch von einem artfremden Stamm und dessen Wurzeln. Das passt als Analogie ziemlich gut zu mir und meinem Verhältnis zum kulturellen Erbe des deutschsprachigen oder abendländischen Raums. Die Früchte, die ich als abgebrochener Ast hervorbringe, sind andere, dennoch bin ich Teil eines einzigen Gebildes Baum. Und ich sehe um mich herum immer mehr angewachsene Äste und verschiedene Früchte, es dominiert nicht mehr nur die eine Frucht. Das relativiert alles. Ich kann mich an vielen verschiedenen Früchten bedienen.

Dieser kleine Exkurs war notwendig, weil wenn ich von Marsyas spreche, ich das nicht mit Selbstverständlichkeit tun kann. Auch das nicht. Ich muss mich währenddessen gegen eine innere Stimme behaupten, die mir sagt: Jetzt gib doch nicht vor, als sei dir die griechische Mythologie, als sei dir die humanistische Bildung in die Wiege gelegt worden. Viele, das weiß ich inzwischen, hören dieselbe innere Stimme manchmal sogar exakt dieselben Worte sprechen. Jemand, die oder der in einer Arbeiterfamilie aufgewachsen ist zum Beispiel. Herkunft prägt unser Schreiben, weil sie die inneren Stimmen prägt, mit denen wir uns beim Schreiben permanent auseinandersetzen (müssen). Herkunft flüstert uns permanent ein, woher wir kommen, woher wir *eigentlich* kommen. Sie entscheidet, wogegen wir ankämpfen, was wir uns beweisen, was wir unterdrücken oder kompensieren müssen, am Ende oftmals gar überkompensieren. Ich schätze, wir können diesen Stimmen nicht entfliehen, aber wir können es schaffen, diese Stimmen zu behandeln wie einen alten dementen Papagei in seinem Käfig. Schreiben, Literatur ist womöglich ein lebenslanger Versuch, sich aus der Herkunft heraus und von ihr frei zu schreiben. Unseren Frieden damit zu machen, *woher wir eigentlich kommen*, und herauszufinden, wohin wir *eigentlich* wollen. Jetzt habe ich von »wir« gesprochen, dabei kann ich nur von mir reden. Da stecke ich manchmal ein wenig fest: Das Ich ist mir zu wenig, das Wir zu anmaßend.

Nun aber endlich zu Marsyas. Es existieren zahlreiche Varianten dieses Mythos und ebenso viele Deutungen dieses berühmten Wettstreits. Der Mythos scheint besonders ergiebig, jedenfalls griffen ihn Künstler*innen über die Jahrhunderte hinweg immer wieder auf, wandelten ihn ab, verwendeten ihn für ihre Zwecke. Für alle, die die humanistische Bildung ebenfalls nicht in die Wiege gelegt bekommen haben, hier eine kurze Zusammenfassung: Sartyr Marsyas, ein halbgöttliches Wesen, findet die Doppelflöte, die eigentlich Athene gehörte. Diese Vorgeschichte erwähne ich auch noch schnell: Athene hat beim Spielen der Flöte ihr Spiegelbild auf der Wasseroberfläche gesehen und erschrickt darüber, wie entstellt ihr Gesicht dabei aussieht. Die Backen aufgeblasen, das Gesicht verzerrt. Künstlerisch arbeiten, ein permanenter Ritt auf der Klinge der Peinlichkeit und Lächerlichkeit – ich fühle mit Athene mit. Sie wirft daraufhin die Flöte augenblicklich weg. Marsyas nimmt sie an sich und lernt, der Flöte wundervolle Klänge zu entlocken. Übermutig fordert er Apollo, den Gott der Künste, zum Wettstreit heraus. Dieser lässt sich darauf ein und bestimmt: Wer gewinnt, dürfe mit dem anderen tun, was er wolle. Die Musen, die Schiedsrichterinnen, erklären zunächst Marsyas zum Überlegenen, doch dann wendet Apollo mit seinem Zupfinstrument eine List an, sodass er am Ende gewinnt. Apollo lässt Marsyas daraufhin zur Strafe bei lebendigem Leib häuten.

Bei Ovid heißt es:

Kläglich war, sehr kläglich, des Satyrs Marsyas Schicksal, / Der, von Apollo besiegt im Getön des tritonischen Rohres, / Jetzo die Strafe bestand. Was entziehst du mir selber mich? rief er. / Ah, mich gereut's! ah! schrie er, soviel nicht gilt mir das Schallrohr! / Doch wie er schrie, zog jener die Haut ihm über die Glieder; / Und nichts war, als Wunde, zu schaun. Blut rieselte ringsum; / Aufgedeckt lag Muskel und Sehn'; auch die zitternden Adern / Schlugen, der Hülle beraubt, aufzuckende Eingeweide / Konnte man zählen sogar, und der Brust durchscheinende Fibern.

Marsyas wird für sein Bedürfnis nach Anerkennung, für seine Hybris bestraft, so die klassische Deutung. Dafür, dass er sich und seine unbedeutende Existenz überhöht und glaubt, mit seiner Kunst ans Göttliche heranreichen zu können. Apollo lässt ihn dafür maximal entblößen, er lässt ihn häuten. Neuere Interpretationen, etwa die von Günter Eich und Peter Rühmkorf, sehen Marsyas als Rebellen, der das Lied der Unterdrückten spielt, und Apollo als Machthabenden, der mit seinen einlullenden Harmonien die bestehende Hierarchie festigt. Angelehnt an den heutigen Diskurs könnte man sagen: der als alter weißer Mann die Deutungshoheit besitzt und zusammen mit seinen korrumpierbaren Musen darüber entscheidet, was Kunst ist und was nicht.

Aber mich sprach ein anderer Aspekt an, als ich vor mehreren Jahren ein Feature über diesen Mythos im Radio hörte. Es ist das Gehäutetwerden infolge des Versuchs, sich künstlerisch auszudrücken. Manchmal, wenn ich vorne auf einem Podest sitze und aus meinem Debütroman »Sechzehn Wörter« vorlese und die Blicke spüre und anschließend die Fragen beantworte, fühlt sich das an wie Gehäutetwerden. Und wenn dann noch jemand beginnt, zu psychologisieren, dann denke ich, mit Ovids beziehungsweise Marsyas Worten: »Was entziehst du mir selber mich?«

Um Missverständnissen vorzubeugen: Ich mache niemandem einen Vorwurf. Mir geht es ja selbst so, dass ich mich bei Romanen mit Ich-Erzähler*innen immer wieder daran erinnern muss, dass die Autorin eine Figur erfunden hat, die mir eine fiktive Geschichte erzählt.

Auch ich muss Realität immer wieder vom Realitätseffekt unterscheiden. Und das, obwohl ich natürlich weiß, dass, selbst wenn wir uns beim Schreiben noch so sehr bemühen, die Wirklichkeit abzubilden, ist die Wirklichkeit erstens subjektiv und zweitens jedes Erinnern ein Neuschreiben dessen, was sich zugetragen hat. Das gilt umso mehr, wenn wir die Erinnerung zu Literatur umwandeln, sie in eine Form gießen, arrangieren, ästhetisieren. Karl Ove Knausgård zum Beispiel hat sich an schonungsloser Autobiografie versucht. Aber nicht umsonst laufen seine Bücher unter Autofiktion, ebenso wie die der Vorreiterin Annie Ernaux.

Ich weiß das alles, und dennoch habe ich viele ambivalente Gefühle, seitdem ich meinen Debütroman »Sechzehn Wörter« veröffentlichte, dennoch fühle ich mich manchmal gehäutet. Und ich weiß, dass auch meine Leser*innen ambivalente Gefühle hegen. Wir liegen in einer Art Dauerclinch: Ich bestehe darauf, dass der Roman Fiktion ist, aber mein Publikum wähnt in Wahrheit mich hinter meiner Protagonistin Mona. Als sei Mona mein Schutzschild und ich einfach nicht ehrlich genug, um zu mir zu stehen. Ich kann das nicht voller Gewissheit abwehren. Es ist vielleicht wahr und vielleicht unwahr, am wahrscheinlichsten ist es beides. Ich fürchte, ich muss einen weiteren großen Umweg machen, um mich der Frage nach dem Ich noch besser nähern zu können.

Wie beschrieben bin ich ja in einem Haushalt ohne Bücher aufgewachsen. Das erste Buch, das ich gelesen habe, war deshalb das Tagebuch meiner sieben Jahre älteren, pubertierenden Schwester. Sie beschrieb darin sehr offen ihre Gefühle für einen Jungen und alles, was sie beschäftigte. Was Teenager halt so beschäftigt. Sie schien beim Schreiben keine Sekunde daran gedacht zu haben, dass das jemand lesen könnte. Was sie schrieb, faszinierte mich. Ich erzählte gleich alles meiner Mutter weiter und mein heimliches Lesevergnügen flog auf. Peinlichkeit ist kein Ausdruck für das, was meine Schwester empfunden haben muss.

In den darauffolgenden Jahren versuchte ich mehrmals, Tagebuch zu führen. Weil ich einerseits gerne schrieb und andererseits mitbekommen hatte, dass Schriftstellerinnen das taten. Und ich wollte damals schon Schriftstellerin werden. Ich versuchte es auch später in meinem Leben, als ich spürte, wie vergänglich alles war und wie unzuverlässig und lückenhaft die Erinnerung. Doch es gelang mir nie, weder als Kind, noch als Jugendliche, noch als Erwachsene. Mein Problem war, dass ich von mir selbst erwartete, radikal ehrlich zu sein, so wie meine Schwester, nichts zu beschönigen oder zu verharmlosen. Ich wollte mein Innerstes umstülpen und mich dem stellen, was herausfiel. Ich schaffte es nicht. Ich schaffte es nicht, nur für mich zu schreiben, stets hatte ich eine diffuse Leserschaft im Kopf, für die ich schrieb oder die es dafür eines Tages geben könnte. Womöglich hängt das damit zusammen, dass ich mir einst das Tagebuch meiner Schwester zu Gemüte geführt hatte. Womöglich hängt das aber auch damit zusammen, dass ich ein Gegenüber brauche. Oder dass ich mich selbst, radikal ehrlich in Worten abgebildet, einfach nicht interessant genug finde.

Jedenfalls hatte ich eine Leserschaft im Kopf, der ich außerdem noch dieses oder jenes erst erklären musste, was mir seltsam vorkam, mir selbst musste ich schließlich nicht erklären, warum ich die Hausaufgaben nicht gemacht hatte. Der gegenüber ich nicht ganz so ehrlich war, wie man das meiner Vorstellung nach in Tagebüchern zu sein hatte. Ich fing an, zu beschönigen, zu verklausulieren, dem Ganzen eine Struktur zu geben, zu überarbeiten, die Abfolge zu ändern. Tagebuchschreiben wurde so immer weniger ehrlich, verschlang dafür aber immer mehr Zeit. Mir gefiel das zwar, ich mochte es, dem Geschriebenen Form zu geben, aber ich merkte, dass es sich so immer mehr von meiner Realität ablöste, dass ich immer mehr auf Abwege geriet und die Kriterien eines Tagebuchs nicht mehr erfüllte. Irgendwann ließ ich es sein, jedes Mal aufs Neue. Als schnelle Routine konnte ich es einfach nicht in den Alltag integrieren.

Damals schon merkte ich: Die Form war mir wichtiger als die Realitätstreue. Ich sah keinen Mehrwert darin, einfach nur zu erzählen, was passiert war. Das, was in meinem Leben passierte, war total unspektakulär. Bedeutungsvoll wurde es erst, wenn ich die losen Fäden meines Lebens nahm und verknüpfte, also Zusammenhänge kreierte. Kausalität erzeugte Bedeutung. Ob sie tatsächlich existierte oder nicht, interessierte mich immer weniger.

Im Grunde war das der Prozess, der sich bei »Sechzehn Wörter« vollzog. Ich trug meinen Debütroman lange mit mir herum, hatte schon mit Anfang 20 versucht, ihn zu schreiben, jedoch immer wieder abgebrochen. Mir fehlte die Form, mit der ich all das erzählen konnte, was ich erzählen wollte: Ich wollte vom Aufwachsen als Ausländerkind in der BRD der 80er Jahre erzählen, von der Beziehung zu den Eltern im Exil, dem Verlust der gemeinsamen Sprache, von der Schwierigkeit, Beziehungen einzugehen, wenn du dich selbst zerrissen fühlst oder zumindest nie ganz. Ich wollte aber auch erzählen, wie Iranerinnen, wie die Frauen in meiner Familie miteinander sprachen, wenn sie unter sich waren, ich wollte diese spezielle Intimität und den Humor vermitteln.

Das waren alles meine Erfahrungen, die ich ausdrücken wollte. Und die Ich-Erzählerin war, als ich anfing zu schreiben, ebenfalls ich. Ich suchte am Anfang nicht lange nach einem ganz eigenen, unverwechselbaren Ton. Es war zunächst mein Ton. Aber es gelang mir lange nicht, diesen Roman zu schreiben. Ich hatte einen Berg voller Dinge vor mir, die ich erzählen wollte, fand aber kein Ordnungsprinzip dafür. Bis ich allmählich eine Handlung entwickelte und mir schließlich die Idee kam, persische Wörter oder Ausdrücke als Kapitel zu verwenden. Diese Struktur ermöglichte mir, Handlung und Rückblenden assoziativ zu vereinen.

Es klingt immer ein wenig esoterisch, aber es ist so: Während ich die Handlung ausfeilte und entwickelte und mein Stoff Form annahm, löste sich Mona zunehmend von mir ab. Das hat ziemlich praktische Gründe. Die fiktive Handlung funktioniert nur, wenn Mona eine Person ist, die lieber verdrängt, als über Gefühle zu reden, niemanden an sich heranlässt, sich nie und niemals bindet, nicht einmal enge Freundschaften pflegt. Die auf andere Menschen einen leicht verächtlichen, zumindest stets distanzierten Blick wirft. Ein anderer Charakter hätte nicht so gehandelt, wie sie es in meiner Handlung tut. Ich musste sie also zunehmend von mir weggestalten. Damit wandelte sich auch zusehends ihr Ton. Er musste rauer werden, weniger gefällig. Ich sah Mona immer mehr als von mir unabhängige Person vor mir stehen. Und ich nahm mir immer mehr Freiheiten, um Mona ganz werden zu lassen, ein Individuum.

Dann kam eine Phase, in der ich das Ich überdachte. Weil ich allmählich das Veröffentlichen im Blick hatte und das Gefühl des Gehäutetwerdens im Voraus erahnte. Ich schrieb die ersten 200 Seiten um, probierte das Manuskript mit einer personalen Erzählerin aus, also in der dritten Person. Mit »Suchen und Ersetzen« ging das selbstverständlich nicht, denn mit der Erzählperspektive ändert sich alles, und ich schrieb im Grunde alles neu. Nach 200 Seiten gestand ich mir ein, dass der Roman das Ich brauchte.

Bis heute jedoch fällt es mir schwer, aus dem Roman vorzulesen, ohne mich gehäutet, maximal entblößt zu fühlen. Ganz konkret graut mir zum Beispiel die Vorstellung, jemand könnte sich, wenn ich im Kapitel »Anar« die Stelle vorlese, in der Mona in einem Teheraner Badezimmer steht und sich im Fünfzehn-Minuten-Takt das Tampon wechselt, vorstellen, das sei ich. Als ich die Stelle einmal bei einer Veranstaltung vorlas, bei der meine Mutter im Publikum saß, flüsterte sie mir nachher zu, ich solle doch zu Beginn der Lesung darauf hinweisen, dass der Roman nicht autobiografisch sei.

Ich verrate an dieser Stelle, was für mich eigentlich das Wirklichste oder Wahrhaftigste ist an diesem Buch oder vielleicht drücke ich es besser so aus: wo Monas und mein Bedürfnis – oder »Need«, wie es in der Filmbranche heißt – übereinstimmen. Monas Vater heiratete Monas Mutter, da war diese 13 Jahre alt. Mein Vater heiratete meine Mutter mit 14 Jahren. Wie Mona war mir immer ein Rätsel, weshalb er das getan hat. Wie er das tun konnte, eine 14-Jährige heiraten. Ich legte mir immer allerlei Erklärungen zurecht. Aber ich fragte ihn kein einziges Mal. Wer »Sechzehn Wörter« gelesen hat, weiß, dass ich ihn posthum mit meiner Fiktion gerettet habe. Völlig unbeabsichtigt, jedenfalls nicht bewusst beabsichtigt. Ich dachte lediglich, mit dem Geheimnis, das ich im Roman versteckt habe, hätte ich mir einen gelungenen dramaturgischen Kniff ausgedacht.

Aber ich schließe nicht aus, dass darauf, auf die Rettung meines Vaters, letztlich vielleicht alles abzielte. So wie Zadie Smith in ihrem bereits mehrfach zitierten Essay »Das Ich, das ich nicht bin« über ihren Roman »Von der Schönheit« sinniert: »War es möglich – das fragte ich mich, als das Buch fertig war –, dass mein Unterbewusstsein mich in gewisser Weise ausgetrickst hatte, diesen langen Roman zu schreiben, dass es alle möglichen Themen und erzählerischen Wendungen hineingesponnen und mich, die Autorin, damit in dem Glauben gelassen hatte, mein Buch handele von Klasse, Rasse, amerikanischem Feminismus oder was ich in meiner Unschuld sonst noch alles für sein Thema hielt, während es, mein Unterbewusstsein, das ganze Konstrukt nur deshalb errichtet hatte, um eine überzeugende Bühne zu schaffen, auf der ich die traumatische Erinnerung an einen einzelnen, 20 Jahre zurückliegenden linken Haken verarbeiten konnte?« Exakt das frage ich mich auch. Offenbar wissen unsere Texte mehr über uns als wir selbst. Und das ist sehr beruhigend.

Auf einer oberflächlicheren Ebene jedoch habe *ich* – wer oder was auch immer das ist – die Entscheidungen getroffen, *ich* habe mir die Freiheit genommen, Dinge und Daten und Personen von der Realität zu entfernen und eine Handlung zu erfinden. Ich habe mir außerdem die Freiheit genommen, Mona ihre Tage kriegen zu lassen und Sex haben zu wollen. Dafür zahle ich bei jeder Lesung allerdings einen Preis. Um zu Marsyas zurückzukehren: Nur die Verfasserin eines Ich-Romans, der es mit der Kunst eines Apollos aufnehmen kann, wird nicht gehäutet. Also wird sie in jedem Fall gehäutet, weil die Götter immer noch eine List im Ärmel haben.

Ein weiterer Grund, aus dem sich in mir anfangs vieles gegen eine Ich-Erzählerin sträubte: Für mich klebte daran immer der Verdacht der Selbstbezogenheit, des Narzissmus. Als nähme ich mich so wichtig, dass ich deshalb gleich einen ganzen Roman über »mich« schreiben müsste. Ich habe erst später, eigentlich erst nachdem ich die ersten Resonanzen von Leser*innen erhalten habe, gemerkt, dass ich mit »Sechzehn Wörter«, so sehr es auch »nur« die Geschichte einer

Deutsch-Iranerin namens Mona zu sein scheint, vieles über die gesellschaftlichen Zustände miterzählt habe: über Fremdzuschreibungen, die einen ein Leben lang gängeln, und über internalisierten Rassismus als Strategie, dem allgegenwärtigen offenen Rassismus vorauseilend zu begegnen. Das war mir beim Schreiben nicht bewusst. Wäre es mir bewusst oder gar meine Absicht gewesen, hätte ich wohl niemals einen Roman geschrieben. Prosa schreiben, um Themen zu verhandeln – für mich ein Ding der Unmöglichkeit.

Mit dem zweiten Buch musste ich mir allerdings unbedingt beweisen, dass ich in der Lage war, einen Roman komplett ohne autobiografische Bezüge zu schreiben. Dass ich Figuren erschaffen konnte, die augenscheinlich nicht ich waren. So entstand »Das Paradies meines Nachbarn«. Drei Männer, drei Stimmen, drei Perspektiven. Zwei der drei Männer waren Kindersoldaten im Iran-Irak-Krieg, der dritte ist als Halbiraner mit einer deutschen Mutter in München aufgewachsen. Dennoch: wenig überraschend, wenn ich sage, dass auch in diesen Figuren sehr viel von mir drinsteckt.

Allerdings ist mir selbst erst später klargeworden, dass ich mit Ali Najjar und Ali-Reza eine Beziehung geschaffen habe, die ich ebenfalls zu einem mir unbekannten Alter Ego pflege. Ali Najjar war wie Ali-Reza Kindersoldat im Iran-Irak-Krieg, behaupte ich zumindest anfangs. Ali Najjar ist die Flucht gelungen, er schaffte es unversehrt und noch jung genug nach Deutschland, um dort alle Freiheiten zu genießen, eine steile Karriere als Produktdesigner hinzulegen und zumindest dem äußeren Anschein nach so etwas wie ein Deutscher zu werden. Ali-Reza hingegen ist vom Krieg gezeichnet, traumatisiert und er hat es nicht herausgeschafft aus dem Land. Er lebt in Teheran, unfrei in einer Diktatur. Die beiden sind gleich alt, man könnte sie als Ziehbrüder bezeichnen, die zwar nicht zusammen aufgewachsen sind, jedoch die Mutter teilen. Als Ali Najjar nach Deutschland floh, ersetzte Ali-Reza seinen Platz als Sohn. Die beiden kennen sich nicht, sind einander noch nie begegnet. Man könnte sie aber als eine Person betrachten, deren Schicksal sich an einem Punkt aufgespalten hat. Angelehnt an die Vielweltentheorie ist Ali Najjar der Entscheidungsweg der Flucht, Ali-Reza der des Bleibens und Erduldens.

Auch ich habe so ein Alter Ego in Iran zurückgelassen, als wir damals nach Deutschland migrierten. Damals war mir das natürlich nicht klar, ich war erst zwei, also viel zu klein für solche Überlegungen. Aber seitdem mir bewusst ist, dass eine Revolution alles durcheinanderbrachte, dass mein eigentlicher Ort ein anderer gewesen wäre, denke ich an ein Ich, das tatsächlich in Iran großgeworden wäre. Also in einer religiösen Diktatur, inzwischen ganz offen ein Terrorregime. Ich frage mich schon sehr lange, wie und wer dieses andere Ich ist. Ich frage mich, ob ich mir auch, weil es sehr Mode ist, die Nase hätte operieren lassen. Das Ich, das ich hier geworden bin, findet diese Stupsnasen nämlich in den meisten Fällen schrecklich. Ich frage mich, ob ich die hohe Hürde an die Uni geschafft hätte. Und bei allen Protesten, die im Land aufflammen, frage ich mich, ob ich mutig genug wäre, auf die Straße zu gehen, mich den bewaffneten Milizen in den Weg zu stellen, wie es im Herbst und Winter 2022 so viele Frauen taten. Und bei diesem Gedanken spüre ich tatsächlich so etwas wie Schuld, dass ich es rechtzeitig, also sogar sehr früh, rausgeschafft habe aus dem Land, dass meine Eltern mich rausgeschafft haben. Es ist vielleicht eine ganz, ganz abgeschwächte Form von survivors guilt.

Ali Najjar hat sich gegenüber Ali-Reza schuldig gemacht. Er weiß es nicht, aber er ahnt es. Womöglich habe ich mein diffuses Gefühl von Schuld in eine echte, greifbare Schuld umwandeln wollen und mir deshalb solche Figuren, eine solche Konstellation und Handlung ausgedacht. Ich sehe da eine Parallele zu meinem unbewussten Vorgehen, meiner unbeabsichtigten Absicht in »Sechzehn Wörter«. Es ist seltsam, sich selbst beinah psychoanalytisch zu deuten, aber ich fürchte, wenn ich darüber schreiben soll, wenn ich gewinnbringend Auskunft darüber geben soll, was ich eigentlich mache beim Schreiben, komme ich um so etwas nicht herum.

Diese Frage: Wer wäre ich geworden, wenn alles ganz anders gewesen wäre?, rührt letztlich an eine philosophische Frage: Was ist der unveränderliche Kern meines Ichs, meiner Persönlichkeit? Gibt es ihn überhaupt? Gibt es so etwas wie eine Essenz meines Wesens, unabhängig von der Sozialisation, der Landschaft, dem politischen System, in dem ich aufgewachsen bin, und heute lebe?

Annie Ernaux, die Königin der Autofiktion, sagt, sie betreibe mit dem Schreiben eine Art Ethnologie ihrer Selbst. Zadie Smith sagt, sie habe Schreiben immer als Flucht aus dem Ich gesehen, nicht als Weg, es zu erforschen. Für mich stimmt beides, und ich versuche, beide Motive zusammenzubringen: Das Schreiben ist für mich womöglich der Versuch, über den Umweg fiktiver Charaktere herauszufinden, wer ich eigentlich bin. Wie weit kann ich gehen mit meiner Vorstellungskraft, wie weit reicht meine Empathie, in wen kann ich mich noch hineinversetzen und in wen nicht mehr? Kann ich die Welt, wie ich es mir in meinem zweiten Roman angemaßt habe, glaubhaft aus der Sicht eines Kriegsveteranen schildern, der im Rollstuhl sitzt und unter den Spätfolgen von Giftgas leidet? Kann ich die Welt aus der Sicht eines gewaltbereiten Neonazis schildern? Oder schaffe ich es nur bis zum Kickl-FPÖ-Wähler? Was kann mein Ich noch fassen, auf wen kann ich es ausdehnen – oder teilen alle meine Figuren, all jene, in die ich mich gelungen hineinversetzt habe, womöglich das, was so etwas wie der eine, unveränderliche Kern meines Ichs sein könnte? Ist dieses eigentliche Ich vielleicht die gemeinsame Schnittmenge all dieser Figuren? Jede Flucht aus dem und vor dem Ich führt mich am Ende also doch immer wieder zu mir selbst zurück.

Rede zur Wiedereröffnung des Burgtheaters
am 5. September 2021

Sehr verehrtes Publikum,

sowie all jene, die die Rede auf anderem Wege erreicht, die sich angesprochen oder mitgemeint fühlen, im Sie oder im Ich oder im Wir.

Zu Beginn ein Bekenntnis, ohne dass ich nicht anfangen kann. Der Versuch, diese Rede zu schreiben, hat mir eine schlimme Schreibblockade beschert, eine richtig schlimme Schreibblockade mit Tränen und ewig langen Telefonaten mit Freundinnen und Freunden, ich war kurz davor, meine Therapeutin nach Jahren wieder anzurufen. Ich verfluchte mich mehrmals täglich dafür, diesen Auftrag angenommen zu haben und hätte ich jemanden dafür schlagen können, ich hätte es getan, so verzweifelt war ich an manchen Tagen.

Dennoch habe ich am Ende drei Reden geschrieben, also ich habe mir am Ende tatsächlich, trotz der schlimmsten Schreibblockade meines Lebens, drei Texte abgerungen und auf meinem Laptop abgespeichert, die erste heißt Rede_Burgtheater_Wutrede, die zweite Rede_Burgtheater_NEU_nett, die dritte Rede_Burgtheater_ganz_neuer_Versuch. Aber ich finde alle drei Mist, alles ist Mist, wie Rainald Goetz es schon sagt, und der muss es wissen, er wohnt ja quasi im Burgtheater. Ich war noch nie hier, meine Eltern waren noch nie hier und meine Verwandten wissen nicht einmal, was das Burgtheater ist, ich habe mich hier quasi nur eingeschlichen. Alles ist Mist, das finde auch ich, ich bleibe unzufrieden, betrachte mich als gescheitert, aber nichtsdestotrotz, am Ende muss etwas herauskommen, und es gäbe ja so viel zu sagen, so viel anzuprangern, anzumahnen, einzufordern, aber das macht es nicht leichter, im Gegenteil, ich finde keine Form für all das, was gesagt gehört.

Hinzukommt – ohne, mich herausreden zu wollen –, dass ich gerade viele Wochen Sommerferien hinter mir habe mit den Kindern, und es ist noch nicht vorbei, neun Wochen Sommerferien sind es, aber nein, keine Quarantäne oder Lockdown, diese neun Wochen sind normal, sollen normal sein, und mich kostet das nur Nerven, Zeit und Geld, und ich frage mich, was mit den Kindern ist, die neun Wochen vor der PlayStation hocken müssen oder an einem anderen Ort in der Zweizimmerwohnung geparkt werden, weil sie keine rüstigen Großeltern haben, weil sie niemand ins Museum schleppt, weil sie niemand für ein halbes

Monatseinkommen zum Einradfahr- oder Münzprägekurs anmeldet. Neun Wochen, bitte, da kann doch auch das Burgtheater nicht dafür sein, im Sinne der Nachwuchsförderung würde ich hier ein klares Dagegen-Agitieren empfehlen.

Also habe ich jetzt Wochen lang Sätze für diese Rede in meinem Kopf gewälzt, während ich Kinder hütete, manche Sätze hielt ich für brillant, andere für doppelbödig, einige sogar für äußerst ansteckend, aber inzwischen sind sie mutiert zu harmloseren Varianten, nicht mehr tödlich, höchstens schnupfentauglich wirken diese Sätze jetzt auf Papier, beziehungsweise im Word-Dokument, jetzt, da ich mir endlich mal ein paar Stunden Zeit nehmen kann, um Sätze hinzuschreiben, entsteht nichts, da stehen nur einzelne Sätze, höchstens zwei, einsam in der Gegend herum, Reproduktionsfaktor gleich Null, und das Wetter – die Hitze, die Schwüle, die Gewitter, der Regen – machen mir obendrein zu schaffen, sonst hätte ich mich sicher nicht zu Virusanalogien hinreißen lassen. Alle großen Gedanken sind mit der Care-Arbeit auf dem Buckel zusammengeschrumpft, »von beiden Welten eine musst du wählen«, das gilt 200 Jahre später immer noch für Dichterinnen und für alle anderen Frauen auch.

Und dann ziehe ich die Reißleine, ich fliehe vor den Kindern in ihren elendslangen, alles verschlingenden

Sommerferien in das Häuschen einer Freundin in die Südsteiermark und dort ist es sehr ruhig bis auf die Rasenmäher, die sich abwechseln, die sich miteinander unterhalten, doch die Rasenmäher wollen wenigstens nichts von mir, niemand will etwas von mir, außer das Burgtheater eine Rede, und jetzt hätte ich alle Zeit zum Schreiben, aber jetzt fällt mir immer noch nichts ein, absolut gar nichts, mein Kopf ist leer, da ist nur noch Geröllwüste, und das Geröll, das herumliegt, sind Kraftausdrücke, mehr fällt mir nicht ein, und ich frage mich, ob ich unter temporärem Tourette leide oder ob mich vielleicht ein spezielles Hochkultur-Tourette befallen hat, weil sehr weit oben darf man sich auch mal daneben benehmen. Und sowieso, Österreicherinnen und Österreicher lieben diesen Trick, je unbeliebter man sich macht, desto beliebter ist man am Ende, so viel habe ich schon mitbekommen, also probiere ich aus, ob das auch für mich gilt, und werfe mich hier jetzt mal in diese Pose. Das Burgtheater ist ja so eine Art Safe Space, da darf vielleicht sogar ich mal auf den Putz hauen, mich ein wenig auskotzen, ein Risiko ohne Risiken eingehen, so ist das doch?

Für Beschimpfungen zu harmlos, finden Sie? Aber für eine Ausländerin schon eher arg, oder?

Mir fällt kein einziger gerader Satz ein, auch weil ich weiß, oder glaube zu wissen, warum ich hier bin, ich bin als Migrantin eingeladen – also nicht nur, aber irgendwie auch – und jetzt erwarten Sie von mir migrantinnenkonformes Zeug, was auch immer das sein mag, aber ich soll mich auf jeden Fall marginalisieren und der Politik, dem Patriarchat, der Mehrheits-, nein, der Dominanzgesellschaft den Spiegel vorhalten. Meine Rolle ist vorgeschrieben in gewisser Weise, ich soll mehr als zwei Jahrhunderte männliche Herrschaft in diesem Haus wettmachen, mehr als zwei Jahrhunderte männliche Intendanz, männliche Autoren-, Dramaturgen-, Regisseurenschaft, weiß größtenteils, aber sicher nicht vollständig, denn was hätte das geheißen vor 100 Jahren. Aber deshalb, ganz klar, diese Blockade in mir, mehr als zwei Jahrhunderte Burgtheater, Jahrhunderte weißer Männer, hier noch sehr lebendig, lasten auf mir, und ich soll meine Rolle spielen, mich aber zugleich originell freischreiben, soll mich wegschreiben von den weißen Männern und damit auch irgendwie mithelfen, das Burgtheater hinzuschreiben auf einen neuen Weg. Wir stehen auf den Schultern von Giganten, bitte, soll das ein Witz sein? Die Giganten stehen auf mir! Sie plätten mich, machen mich mundtot, blicken aus ihren missgünstigen Augen zu mir herab.

Ok, ok, ich sollte vielleicht besser nichts mehr sagen und Ihnen 20 Minuten Stille präsentieren, aber selbst das ist nicht mehr originell, andererseits: alles, was ich bis jetzt geschafft habe, ist die Lehrergewerkschaft gegen mich aufzubringen, und das ist wirklich das Allerunoriginellste auf der Welt. Aber wie soll ich unter solchen Bedingungen irgendetwas sagen, etwas halbwegs Gescheites?

Was ist überhaupt noch gescheit, wer ist überhaupt noch gescheit, ich habe da gerade ein wenig das Vertrauen verloren, wenn nicht einmal alle NATO-Länder-Geheimdienste zusammen voraussagen konnten, dass die Taliban zwischen zwei Mittagspausen Kabul einnehmen werden. Und wenn die Geheimdienste doch so gescheit waren und es gewusst haben und nur vorgeben, es nicht gewusst zu haben, dann ist alles noch viel schlimmer, das möchte ich gar nicht glauben.

Ich misstraue allen, allem und vor allem mir selbst und meinem gefühlt Halbgedachten, das ich behelfsmäßig in Wörter und Worte packe, denen ich leer schon misstraue. Ich kann nichts Richtiges sagen, nichts, aber ich kann unendlich viel Falsches sagen. Verstörendes, Verletzendes, Retraumatisierendes. Ich wundere mich über jede und jeden, der noch an einen Pult treten und ein Wort herausbringen kann. Fällt ihnen nicht auf, dass alles schon unendlich oft gesagt wurde? Die Rede, die Navid Kermani vor 16 Jahren zum 50. Jubiläum der Wiedereröffnung des Burgtheaters gehalten hat, hätte ich heute wieder halten können, ich hätte nur ein paar Dinge ändern müssen, zum Beispiel Straße von

Gibraltar gegen Ägäis austauschen und so, oder nein, auch die Straße von Gibraltar bleibt ein Massengrab im Mittelmeer, es sind nur neue hinzugekommen, die Ägäis zum Beispiel. Stimmt, ich hätte einfach die Rede von Navid Kermani noch einmal halten können, auf diese Idee bin ich gar nicht gekommen, aber die Rede ist immer noch genau so aktuell wie vor 16 Jahren, noch aktueller eigentlich, und keine und keiner hätte bemerkt, dass sie die Rede schon einmal gehört haben, sogar unsere Namen klingen zum Verwechseln ähnlich, das wäre das perfekte Verbrechen gewesen, das perfekte Verbrechen mit der Vergeblichkeit. Und sogar das Zitat von Zweig von 1932, das Navid Kermani in seiner Rede bringt, sogar das klingt eins zu eins wie von heute, genau das, was Zweig vor beinahe 100 Jahren über Europa sagte, könnte, zum Beispiel, Michael Köhlmeier sagen an einem Rednerpult morgen, und alle würden denken: brandaktuell. Und sie hätten recht. Und dennoch, wir haben uns an all das gewöhnt, nehmen die alten und die neuen Massengräber hin, dagegen helfen auch noch so viele Reden nichts, seien sie auch noch so geschliffen und noch so wenig falsch wie möglich.

Nein, stopp, ich hätte noch etwas ändern müssen an Navid Kermanis Rede, er konnte sich damals, 2005, wenigstens noch an den offenen Grenzen zwischen Nordkap und Tarifa ergötzen, selbst wer die Rede nur liest, liest die körperliche Freude über den Triumph heraus, eine fast ungläubige Freude über 5931 grenzenlose Kilometer, immerhin, auch wenn die Grenzen, die dann kommen, die EU-Außengrenzen tödlich sind. Doch selbst das ist vorbei, selbst das ist schlimmer geworden, die Schlagbäume und die Nationalismen innerhalb dieser 5931 Kilometer sind zurück, vermutlich waren sie aus den Köpfen nie weg, aber sehen Sie, genau das meine ich; jeder Satz erfordert einen Nachsatz, um etwas weniger falsch zu werden, und so hört es nie auf und so scheint sich alles in Beliebigkeit zu verlieren. Die Beliebigkeit endet bei der Menschenwürde, bei den Menschenrechten, dort ist Schluss, das ist der Grenzstein jeder Argumentation, denn dahinter lauert der Abgrund, so schien es bisher gewesen zu sein, es gaben sich bisher zumindest alle Mühe, so zu tun als ob, auch wenn viele von uns schon länger den Verdacht hegen, dass Menschenrechte ein Privileg sind, und das bestätigte sich nun in Kabul wieder einmal, mit einer Drastik wie selten zuvor, wir sehen dabei zu, wie Hunde und Katzen evakuiert, während Afghaninnen und Afghanen zurückgelassen, teilweise dem sicheren Tod ausgesetzt werden. Kurz und Nehammer haben anscheinend jede Scham verloren, schüren mit ihren Aussagen Rassismus, absichtsvoll oder nicht macht im Ergebnis keinen Unterschied, sie erklären die Menschenrechtskonvention für hinfällig und damit das Recht auf Asyl zu einer Gnade. Die Botschaft, die bei vielen, vielen Menschen mit Migrationsgeschichte in Österreich ankommt, und auch bei mir, wenn ich in mich hineinhorche: Ihr habt es zwar hierhergeschafft, trotz aller Steine, die wir euch in den Weg gelegt haben, also bleibt halt, aber noch mehr von euch wollen wir nicht! No way! Da verkaufen wir lieber die Menschenrechte und alle Ideale der Aufklärung, derer wir uns sonst so gerne rühmen. Wenn ich Österreich sage, meine ich Deutschland mit, obwohl es dort nicht ganz so schlimm ist oder vielleicht trügt der Schein nur. Schockierend jedoch auch dort, dass Rassismus und Ausgrenzung, gipfelnd im rechten Terror, in Hanau und NSU, in diesem Wahlkampf kaum eine Rolle spielen, obwohl so viele Menschen in Deutschland tagtäglich darunter leiden, ihnen im besten Fall Chancen verwehrt, im schlechtesten Fall Leben vernichtet werden. Und das passiert immer noch und weiterhin, auch wenn Sie vielleicht das Gefühl haben und darunter leiden, nicht mehr alles sagen zu dürfen.

Ich weiß, das ist so eine Art erweiterte Egozentrik, zu glauben, die Zeit, in der wir leben, sei besonders schlimm, global gesehen natürlich, wie können wir nicht mehr global sehen? Alle Zeiten sind gleich schlimm, aber manche Zeiten sind schlimmer. Menschen, die sich an startenden Flugzeugen festklammern, weil sie überleben wollen – das, glaube ich, ist eine neue Dimension.

Das zusätzlich zum alltäglichen Hintergrundrauschen aus Hungersnöten, Überflutungen, Waldbränden, Elendslagern in und an den Rändern der EU, Menschen, die erschossen werden, weil sie für Freiheit und Demokratie auf die Straßen gehen oder einfach nur, weil sie durstig und hungrig sind, Menschen, die schon die dritte Impfung bekommen, während für viele Menschen im globalen Süden die erste unerreichbar ist. Wie soll das einen, wie soll mich das nicht sprachlos machen, wie soll mich das nicht zerreißen, sagen Sie mir das bitte. Wenn ich Sie sage, dann meine ich übrigens gar nicht immer Sie, ich meine oft mich, ich nehme Sie nur her, damit es nicht so wirkt, als führe ich Selbstgespräche. Und manchmal sage ich auch Wir, obwohl ich mehr Sie meine, aber 100-prozentig bin ich mir da nicht immer sicher.

Falls ich Ihre Aufmerksamkeit jetzt mit meiner Aufzählung des Grauens verloren habe, gewinne ich sie vielleicht wieder zurück, indem ich Sie mitnehme in die Südsteiermark, Ihnen erzähle, dass ich Erbsensuppe und Makrelenfilets esse in dem Häuschen der Freundin, in meinem Refugium, in das ich geflohen bin vor den Kindern in ihren elendslangen Sommerferien. Die Südsteiermark, ein Phänomen, das Land, in dem Muskateller und Kernöl fließen, es ist so schön, so friedlich, der Wein wächst, die Feigen reifen, die Äpfel prallen, und ich frage mich, wie man in dieser Idylle leben kann, wie man das aushalten kann, wie einem diese Idylle nicht falsch vorkommen kann, wenn man abends über die Hauptnachrichten ins Wohnzimmer hineingesendet bekommt, was alles passiert auf der Welt, nun gut, die ZIB sendet das nur in sehr verdaulichen Happen, aber immerhin ein bisschen was bekommt man mit, und ich spaziere nach Erbsensuppe und Makrelenfilets einen Weg entlang, der gleichzeitig Straße ist, auf denen sich am Wochenende die Porsche und BMW aus Wien und München reihen, aber unter der Woche niemand, und da sitzt ein älteres Ehepaar auf einer Bank vor einem Haus, das streitet, das kann ich hören, und ich will kehrtmachen, aber sie sieht mich durch die Fliederbüsche hindurch, springt auf und bietet mir ein Gläschen Wein an und ich schließe sie sogleich in mein Herz, vielleicht auch, weil sie hörbar, jedoch nicht erwartbar nicht von hier ist oder nicht von da, und ihn mag ich auch, und so trinken wir Wein und ich stelle drei Fragen und bin schon bei einer Fluchtgeschichte, die 61 Jahre zurückliegt, aber die ersten Tränen fließen, als wäre es gestern gewesen. Sie wischt sie sich aus dem Gesicht und ich frage ihn, und da ist auch eine Fluchtgeschichte, aber mit anderen Vorzeichen, weil er in Österreich wenig verdiente und woanders viel mehr verdienen konnte. Ist das Wirtschaftsflucht oder Mobilität, das kann ich gerade nicht sagen, oder doch: Weiße sind mobil, Nicht-Weiße fliehen, bzw. wer mobil ist, um zu überleben, ist auf der Flucht, und Flucht ist Dreck. Mobilität – toll, Flucht – Dreck, da können und müssen wir leider eine sehr klare Trennlinie ziehen.

Der Wein ist selbst gewinzert und sehr gut, und ich vergesse für einen Augenblick die Rede und die Welt, das kann sie ganz prima, die Südsteiermark, ich verstehe schon, warum sich hierhin so viele zurückziehen, obwohl – die Brettljause kostet mitunter schon 10 Euro! Das erinnert mich an Anna und Otto, ein anderes älteres Ehepaar, so hießen sie wirklich, meine schwäbischen Vermieter während eines Praktikums, die mir vor 20 Jahren sagten, sie wünschten sich, die Mauer würde wieder hochgezogen werden, weil die Ossis die Preise am Balaton kaputt gemacht hätten. Die eigene Brieftasche war ihnen dann doch näher als die Freiheit der anderen, daran muss ich denken, als ich die Preise in der Buschenschank sehe, auch für die Preise in der Südsteiermark wäre das Wiederzuziehen des Eisernen Vorhangs vorteilhaft, zumindest aus Sicht der Konsumentinnen und Konsumenten, denn dann wäre die Südsteiermark wieder das Ende der westlichen Welt und die Brettljause wieder zum Preis einer Tiefkühlpizza zu haben. Und, ein weiterer Vorteil, die Fronten wären wieder so schön klar, die Welt, zumindest aus Sicht der Westlerinnen und Westler, wieder etwas übersichtlicher.

Aber man kann, ich kann die Zeit nicht zurückdrehen, die Mauer ist weg, die Preise sind gestiegen, die Reallöhne gefallen – ein Nebensatz, der mehr Aufmerksamkeit verdiente und eigentlich bin ich ja Ökonomin, doch leider sitze ich jetzt hier mit einem leichten Kater, vielleicht Histamin, weil der Wein war ausgezeichnet und ich habe nicht viel getrunken, trotzdem habe ich einen Hauch von einem Kopfschmerz, aber vielleicht rührt der daher, dass ich seit Stunden verkrampft vor meinem Laptop hocke und noch immer nicht weiß, was ich schreiben oder gar sagen soll, ich wünschte, ich hätte wenigstens eine Kunstfigur, der ich diese Rede anlasten könnte, aber nein, am Ende bin ich nur ich selbst, und am Ende kann ich nur diese Rede schreiben und keine andere, und alle unter Ihnen fühlen sich bestätigt, die denken, die hat ja eigentlich nichts zu sagen, kommt nicht von Homer, schätzt die Schönheit unserer Sprache nicht, spielt nicht so herrlich selbstvergessen mit ihr herum wie wir es lieben, aber darf trotzdem da vorne stehen, weil sie dunkle Augen hat und in einem dieser Länder geboren ist, in … na ja, in einem dieser Länder da unten halt, jedenfalls nicht in Norwegen.

Die Schönheit Ihrer Sprache, bei der Gelegenheit, ist mir egal, ich hätte auch jede andere genommmen, es ist reiner Zufall, dass ich nicht Englisch oder Schwedisch oder Französisch spreche, ich hätte mir jede andere Sprache zu eigen gemacht für meine Zwecke. Ich hätte auch in anderen Sprachen wunderbar scheitern können, anders halt, als ich auf Deutsch scheitere, aber dennoch. Das Burgtheater ist freilich einzigartig auf der Welt, eine Rede im Burgtheater vergeigen kann ich nur auf Deutsch. Für meine Großmutter klang Deutsch übrigens so: CheschCheschChesch. Das zur Schönheit Ihrer Sprache.

Ich hoffe, das trifft Sie jetzt nicht persönlich, aber selbst wenn, bitte stehen Sie zu Ihren Gedanken, unterdrücken Sie sie nicht, das macht alles nur noch schlimmer. Stehen Sie zu Ihren Gedanken, lassen Sie sie raus wie einen Schmetterling und schauen Sie, auf welcher Blüte er landet und ob er sie bestäubt oder nicht, oder versuchen Sie doch einfach auch mal eine Rede zu schreiben, bringen Sie alles zu Papier, schämen Sie sich nicht dafür. Aber seien Sie bitte nicht böse auf mich, wenn Sie Ihre Rede im Gegensatz zu mir zu Hause, allein vor dem Spiegel halten müssen, glauben Sie mir, ich würde gerne mal mit Ihnen tauschen und wie Sie im Publikum sitzen mit dem Gefühl: Dass ich hier sitze, das ist die größte Selbstverständlichkeit der Welt, und ich habe es mir verdient, womit auch immer, wie auch immer habe ich es mir verdient, dass ich hier sitze und meine Regierung meine Eintrittskarte mit einem Wahnsinnsgeld subventioniert.

Die Philosophin Lisa Herzog hat mich darauf gestoßen, dass verdienen und verdienen, to earn und to deserve, im Deutschen dasselbe Wort sind, und deshalb kommen wir da manchmal vielleicht etwas durcheinander, deshalb sind wir vielleicht geneigt zu glauben, dass wir verdienen, was wir verdienen. Dabei haben wir uns das meiste nicht verdient, sondern die wirklich wichtigen Entscheidungen für ein Leben, zu welcher Zeit wir an welchem Ort und vor allem in welche Familie wir hineingeboren wurden, sind purer Zufall, dafür kann niemand von uns etwas. Wir, die allermeisten von uns, vermute ich, sitzen oder stehen hier heute also ohne es uns verdient zu haben, ausgenommen meine Mutter, sie kam als Frau, als Migrantin, als Alleinerziehende vor 40 Jahren nach Deutschland, und mit dieser Kombi hat man bis heute die schlechtesten Karten, also sie, lässt sich sagen, hat sich ihren Platz im Burgtheater heute wirklich verdient.

Stellt sich nun natürlich die Frage, was ich für diese Rede verdiene, Geld natürlich, sogar gutes Geld, okayes Geld, wenn ich daran denke, dass dieser Auftrag, diese Rede mich seit zwei Monaten begleitet, im Kopf natürlich nur, ich arbeitete an der Rede, während ich staubsaugte, Wäsche faltete, mit den Kindern auf den Spielplatz ging, Zwangsurlaub machte. Meine Gage, eine Art Quersubentionierung der unbezahlten Care-Arbeit, eigentlich. Die Rede war immer dabei, sie war always on my mind, wenn auch zugebenermaßen viel zu lange nicht in einem Word-Dokument, aber was soll's, schließlich werde ich fürs Denken bezahlt und nicht fürs Tippen. Was ich mir für diese Rede noch verdiene, verdiene im moralischen Sinne, das müssen Sie entscheiden.

Jetzt rede ich schon so lange in Ihrer Sprache, und habe noch nicht einmal jemanden ordentlich zitiert, nur Goetz, Grillparzer, Tocotronic und Pet Shop Boys so nebenbei wegzitiert und Lisa Herzog erwähnt, aber die ist jung und weiblich und zählt nur halb, jetzt muss unbedingt einmal ein schmuckes Zitat von einer Autorität her, irgendwas zwischen Goethe und Harald Juhnke, also voilà:

»Du weißt nicht, was genug ist, bevor du nicht weißt, was mehr als genug ist.« Der ist von William Blake und ich will Ihnen damit sagen, dass Sie bitte ein wenig nachsichtig mit mir sein sollen, wenn ich den Bogen hier überspanne, aber einmal muss ich das tun, einmal muss ich ausprobieren, wie weit ich gehen darf, damit ich bei der nächsten Rede Maß halten kann. Ich verlange gar nicht viel von Ihnen, und ich weiß, das ist das Burgtheater, hier gelten die strengsten Maßstäbe in Österreich, dennoch bitte ich Sie, mir gegenüber in etwa so großzügig zu sein wie gegenüber der österreichischen Politik, sich in Ihrem moralischen Urteil ebenso elastisch zu zeigen wie gegenüber österreichischen Politikerinnen und Politikern, mehr erwarte ich gar nicht.

Sie werfen mir jetzt bestimmt innerlich unter anderem vor, dass es bislang viel zu sehr um mich und um Sie ging – Sie haben recht, das fällt mir auch gerade auf, es sollte um das Burgtheater gehen, das 307 Tage geschlossen hatte, so lang wie noch nie, nicht einmal während der Weltkriege! Ich sollte Aufbruchstimmung verbreiten, einen Anfang markieren, ich sollte in eleganten Wortwendungen bekräftigen, was Sie ohnehin schon wissen, sonst wären Sie ja nicht hier, nämlich dass wir das Theater brauchen, dass die Gesellschaft Kultur braucht und all das, aber mir fällt gerade nichts dazu ein, nichts, was nicht schon 1000 mal beteuert worden wäre, und da fällt mir etwas ein, oh mein Gott, das hatte ich ganz vergessen, ich hatte den 2. November 2020 vergessen, den letzten Abend im Burgtheater, bevor es schließen musste, der Abend, an dem ein junger Mann im Namen einer Religion in Wien wahllos vier Menschen erschoss, dass das auf einen Tag fiel, eine Dramatik, die könnten wir uns nicht ausdenken und die wollen wir uns auch gar nicht ausdenken, weil diese Dramatik zu stumpf, zu platt, zu zufällig, ganz einfach zu sinnlos wäre. In den Dramatiken, die wir selbst erschaffen und die wir auf die Bühnen bringen, passiert, was passiert, weil Menschen lieben und eifern, begehren, neiden, gieren und geizen, simulieren, schweigen, irren und reifen, wie Menschen halt sind. Und weil wir diese Dramatiken selbst erschaffen und mit Sinn füllen, so schwer auszumachen er manchmal auch zu sein scheint, haben wir sie in unserer Gewalt, beherrschen wir sie, aber können uns dennoch überwältigen lassen, auf einer Art inneren Probebühne fürs Leben, und vielleicht, ja, weil wir uns auf diese Weise impfen wollen gegen das Unvermeidliche, gegen die schrecklichen Dinge, die passieren werden auf Erden, so lange wir sie bewohnen, und die so oft sinnlos daherkommen, egal, wie sehr wir uns bemühen, einen Sinn zu finden.

»Werde so dünn wie ein Haar, aber reiße nicht«, das ist ein iranisches Sprichwort, das mein Vater oft zu mir sagte, und ich fragte nie nach, was genau er damit meinte, aber inzwischen habe ich mich auf eine Deutung festgelegt: Halte die Welt nicht auf Abstand, lass sie an dich heran, geh mit deinem Mitgefühl immer wieder an deine Grenzen, strapaziere dich mit Widersprüchlichkeit – und wenn es droht dich zu zerreißen, erinnere dich daran, dass alles zusammengehört, dass wir alle zusammengehören, lass das Band nicht reißen.

Und ich hatte gesagt, es ginge hier nicht um mich oder um Sie, aber das stimmt nicht ganz, genauer betrachtet geht es hier sehr wohl um mich und um Sie, genauer um uns, aber es geht nicht um mich als Nava Ebrahimi, um Gottes willen, das würde Nava Ebrahimi völlig überfordern. Auch als ich den Bachmannpreis gewann, weshalb ich heute hier stehen darf, ging es nicht um mich, ging der Preis nur mittelbar an mich, unmittelbar ging er an den untötbaren Drang des Menschen, sich gegen alle Widerstände hinzusetzen und einen ersten Satz aufzuschreiben, ohne zu wissen, wohin er führen wird, aber spürend, dass er am Ende irgendwo hingeführt haben wird, dass ein neuer Kosmos entstehen wird in einem Kopf allein, den andere Menschen betreten und erfahren können. Ein Kosmos, aus einem Satz, in einem Kopf allein. Dafür all die Preise, dafür all der Pomp, die samtenen Bezüge und die goldenen Bordüren. Nicht für Sie und auch nicht für mich.

Jetzt habe ich sogar noch Schiller zugeblinzelt, uff, das war eigentlich das Letzte, was ich vorhatte, aber es passt so schön, heute Abend spielen sie hier »Maria Stuart«, und dass sich der Kreis wunderbar schließt, das dürfte die ein oder andere oder den ein oder anderen vielleicht doch noch ein wenig besänftigen. Kreise besänftigen, Rundes stimmt versöhnlich, vielleicht hoffentlich sogar meine Auftraggeberin und meinen Auftraggeber, denn jetzt, wo bei aller Sprachlosigkeit alles ausgesprochen ist, ist es mir doch ein wenig peinlich, aber ich glaube, selbst Schiller hat mir dank des gut platzierten Programmhinweises verziehen, er hat zumindest einen Fuß von mir genommen und ich kann schon viel besser atmen.

Und deshalb jetzt noch zwei Sätze aus voller Lunge, ohne die ich das hier nicht abschließen kann:

Spätestens, allerspätestens mit dem, was wir in Moria, an allen EU-Außengrenzen, was wir in Afghanistan zulassen, haben wir jeglichen Anspruch auf moralische oder gar zivilisatorische Überlegenheit verwirkt. Bitte schminken wir uns jede Form von Überheblichkeit ab.

Vielen Dank für Ihre Aufmerksamkeit und eine gute Spielzeit.

Inhalt

Teil I 5

Teil II 41

Rede zur Wiedereröffnung des Burgtheaters
am 5. September 2021 71

Grazer Vorlesungen zur Kunst des Schreibens

Hrsg v. Franz-Nabl-Institut für Literaturforschung und Literaturhaus Graz in Kooperation mit dem Institut für Germanistik der Universität Graz

Band 1

Daniela Strigl
Alles muss man selber machen
Biographie. Kritik. Essay
152 Seiten, € 15

»Ein leidenschaftliches und geistreiches Buch, das konsequent vermeidet, was Strigl als ›das Schlimmste‹ bezeichnet: Langeweile.« (Claudia Dürr, Deutschlandfunk)

Band 2

Kathrin Passig
Vielleicht ist das neu und erfreulich
Technik. Literatur. Kritik
120 Seiten, € 15

»Für Kathrin Passig zeigt der Blick in die Literaturgeschichte, dass das Neue, Zukunftsweisende vor allem dort entsteht, wo der etablierte Literaturbetrieb die Nase rümpft. (...) Klug und mit leiser Ironie formuliert.« (Oliver Pfohlmann, SWR)

Band 3

Konrad Paul Liessmann
Das alles sind bösartige Übertreibungen und Unterstellungen
Text. Stil. Polemik
128 Seiten, € 15

»Ein Blick in das neue Buch des Philosophen Konrad Paul Liessmann lohnt, weil er darin erörtert, was es bedeutet, nichtfiktional zu schreiben. Wie entsteht ein Text, und wo kommen die Ideen her, die ihm eine Richtung geben?« (Kai Spanke, FAZ)

Band 4

Klaus Reichert
Die Leichtigkeit des Schweren
Lesen. Verstehen. Übersetzen
112 Seiten, € 15,00

»Die Blicke, die Reichert hier in seine Lesebiografie und Übersetzerwerkstatt gewährt, sind so aufschlussreich wie kostbar … unbedingt lesenswert.« (Maximilian Mengeringhaus, Tagesspiegel)

Band 5

Kathrin Röggla
Ausreden
Rausreden. Auserzählen. Abschreiben
112 Seiten, € 15

»Eine poetisch-rhetorische Tour de Force, ein Ritt über den Wörthersee, ein fulminanter Sprech-Text.« (Martin Zeyn, BR)

Mit freundlicher Unterstützung von

literatur h aus graz

Umschlag: & Co www.und-co.at
Umschlagfoto: ©flickr/Justus Blümer
Satz: AD
Druck: Bookpress
ISBN 978-3-99059-156-7

Literaturverlag Droschl Stenggstraße 33 A-8043 Graz
www.droschl.com office@droschl.com